教育生命的自觉

——班华随谈录

班华等 口述
孙彩平等 整理

教育科学出版社
·北京·

每年的毕业季，班华先生和夫人都来大草坪欢送毕业生（此为 2003 年照片）

班华先生常在这张桌子旁给学生上课、指导论文、谈心

2006 年班华先生在云南会议间隙，跟当地老人亲切交流

2018 年教师节前夕，孙彩平带学生们看望班华先生

前　言

班华（1935—2022），安徽巢县人。1953 年 9 月到 1956 年 7 月系南京市立师范学校学生，1956 年 9 月到 1960 年 7 月在南京师范学院教育学系读书，毕业后留校任教至退休。1978 年加入中国共产党，1990 年到 1994 年任教育学系系主任。

班华先生是南京师范大学资深教授、博士生导师。他曾是国务院学位委员会第四届教育学科评议组成员，国家基础教育实验中心学术委员会委员，享受国务院政府特殊津贴。班华先生是当代中国著名教育学家，是改革开放后中国德育学科重建的奠基者，是新世纪义务教育德育课程改革的引领者。他曾长期担任全国教育学研究会德育专业委员会（今全国德育学术委员会前身）秘书长、理事长，江苏省教育学会教育学研究会理事长、江苏省教育学会心理教育专业委员会理事长。他曾获吴玉章奖、曾宪梓教师奖，被评为江苏省哲学社会科学先进工作者、省优秀教育工作者、省优秀研究生导师，被誉为“苏派教育名师”。

班华先生出身贫寒，对共产主义有执着的追求，植根中国教育热土，思系中国特色社会主义教育理论建设，长期致力于德育学、心育论、班主任等领域的教学与研究。他坚守马克思主义的辩证唯物主义立场，深入研究和解决当代中国教育问题，提出了丰富的原创性德育思想，形成了富有中国特色的心育理论、班主任教育理论体系。他合作编写的《教育学》（人民教育出版社 1984 年版）、《德育原理》（北京师范大学出版社 1989 年版）获全国高校优秀教材一等奖，《德育新论》（江苏教育出版社 1994 年版）获教育部人文社会科学研究优秀成果一等奖，主编的《心育论》（安徽教育出版社 1994 年版）获江苏省哲学社会科学优秀成果一等奖，《中学教育学》（人民教育出版社 2012 年再版）获中国大学出版社图书奖优秀教材一等奖。他担任总主编的义务教育课程标准实验教科书初中《思想品德》（人民教育出版社 2003 年版），使用历时 13 年，影响了全国上亿名青少年的思想道德成长。

2011 年我调入南京师范大学道德教育研究所（简称“德育所”）后，即开始采集与整理班华老师的口述史，该工作的推进得到了南京师范大学教育科学学院和德育所的大力支持。这项工作的初衷，是以口述史的方式记录南京师范大学前辈的学术历程，追寻新中国第一代德育学人的学术人生，一方面为中国德育史积累更为丰富多元的研究资料，另一方面描画新中国第一代德育学人为中国式德育理论建设筚路蓝缕、不断奋进的过程，为后辈学人留下立体形象的学术榜样。

我的研究方向集中在德育理论上，而班老师的研究视野要广阔得多，他的主要研究兴趣除德育理论外，还包括心理教育和班主任研究，而且他是中国这两个研究领域当之无愧的奠基人。特别是他提出的中国式心育理论，不仅填补了中国教育学视角下的心理教育研究的空白，也是生长于中国教育实践土地，以马克思主义哲学和毛泽东思想的矛盾论、系统论为方法论，解决中国教育中的实际问题的新思路，是不同于西方心理学思维、医学思维的，关注人心灵成长的第三条道路。而我对这两个领域都没有深入研究，所以在涉及相关主题时，又特别邀请了薛晓阳、沈贵鹏、崔景贵、刘晓明加入。其间，与班老师一直有密切联系的刘守旗、甘剑梅、王长乐等同门也参加了部分主题的讨论，使得各主题的对话更加深入，视野也更为广阔。

口述史是在正常工作之外兼做的，通常是我带着在读的研究生到班老师家以随谈的方式进行。每次访谈会有一个开放式的话题框架，事前我也会跟学生一起研读班老师相关内容的作品（书和文章），希望能够在访谈中对相关的问题有更深入的理解。这对于我和学生都是非常好的学习方式，因为我们常常收获从作品中无法读出的深刻内涵。在班老师家进行的随谈持续了一年多的时间，这实际上成为我和学生们的另外一个开放、温馨又收获颇丰的课堂，也成为学生们研究生生活最值得记忆的一部分。一起做口述史的学生毕业多年后，对这段特殊经历的记忆依然非常清晰。当时在读的研究生有贾修建、王雅丽，他们在后期文字整理中也花费了大量的时间与精力，徐晓凤和易森林（吴康宁老师的在站博士后）也参加了几次讨论。

口述史的文稿完成后，我们请班老师做了审定和校正，曹世敏和刘守旗师兄也对文字进行了修改和完善。在这期间，插入了班老师文集的出版工作，陆续整理出版了班老师的德育文集和心育文集，以及苏派教育名家的采访、档案整理等，导致口述史的推进比较慢。直到班老师突然离开，我们才意识到没有让老师看到口述史的出版，实为一个非常大的遗憾。

再次着手推进时，我们遇到了新的问题与机遇。一方面，班老师成长及从教生涯早期的部分内容，需要重新进行整理；另一方面，中国式现代化、建立中国特色哲学社会科学话语体系成为国家关注的重大问题。机缘巧合，教育科学出版社积极支持这一作品的出版。对口述史的体例，我们也有过反复商量和讨论。在最后的讨论中，我们采纳了守旗师兄的建议，保留了访谈的体例：一是还原口述史工作的实际场景；二是追随中国传统学术方式——对话录（如《论语》《朱子语类》《传习录》等）；三是体现班老师谦虚随和的学术风格。

体例确定后，为了加快推进，我邀请刘守旗、刘晓明、薛晓阳、曹世敏、甘剑梅、任红娟和我一起分工对各章内容进行了再完善。不想在这期间，守旗师兄突然病逝，班老师弟子团痛失旗手。后面守旗师兄的任务由刘晓明老师完成。最后，我对所有文字再次进行了加工修改。

特别感谢教育科学出版社的翁绮睿编辑，她的大力支持、中肯建议与细致的工作，使得新中国第一代德育大家班华老师的口述史终于与大家见面。

孙彩平

南京·清江花苑

2024 年 8 月 6 日

目　录

第一章　我的成长历程

孙（彩平）： 整理出版新中国第一代教育学者的学术成长史，是南京师范大学教育科学学院、道德教育研究所非常重视的一件大事。学术成长史既是学术思想脉络的形象表达，也是学者学术生活的生动再现，描绘了一个时代的学术风貌。新中国德育研究的历史是由一个个鲜活的学术生命托起的，也是一代代学人传承下来的。我们想请班老师跟我们这些后学讲一讲您的学术人生。就从您的成长经历讲起吧！

我是一个穷孩子

班（华）： 好。我很愿意跟你们说说这些事。

我是一个很穷的农村孩子。我出生的村子叫大楼村，也叫大路头，从我家到县城大约有 30 里[①] 路。大路头村大约有一百户人家，多为姓王的，只有我们一家姓班。王姓家族有一个存放农具和粮仓的

① 1 里等于 0.5 公里。

公屋，我小时候家里没有房子，全家就借住在王家公屋里，帮忙照看屋里的东西。小时候，我吃了不少苦。

我父亲在上海打工，见过点世面，头脑比较灵活，贩些油、盐、酱、醋、零食等，在公屋里做点小生意。农闲时就打工赚点钱。比如在村里刚栽完秧的空闲，会有戏班子到各个村搭台唱戏，我们家人就随戏班子到各村唱戏的地方卖茶。有时也去镇上的私人茶馆打工，挑水、烧水、送水，也做点心、打扫卫生等。为了生活，我们家还做过澡桶生意。澡桶是一个一人高的桶，上面有个封闭的顶，中间有一块玻璃，一盏灯。澡桶是封闭的，有一扇门，人进去后关上门，很保暖。一个澡桶每次可以供两个人一起洗澡。当时冬天村民在家洗澡很不方便，去镇上洗澡的话不仅要走很远的路，也比较贵。

因为平时打这些工，虽然辛苦些，但相比村里的其他村民，我们家还不算最穷的人家。当时村里许多人冬天只能穿“草窝子”，就是草编的鞋，我家人可以有棉鞋穿。

我小时候上学跑了不少路。1947 年我 12 岁，父亲来南京，我跟着也来了南京。刚来时住在鼓楼，但附近没有能去的学校。有个老乡住在通济门外的七里村，那里有个小学，可以到那里上学。那时南京城里有从下关到中华门的小火车，我在鼓楼上车，到白下路下车，然后走一段路到九龙桥，还要再走一段路才到通济门，七里村在通济门外。大概有 7 千米路吧。那时我上小学三年级，觉得每天上学来回要走很远的路。

孙：12 岁上小学三年级?

班：农村孩子上学迟。我在安徽农村上的是私塾，村上有个名人叫王安华，是村里学历最高的人。他告诉我父亲说我的水平可以上三年级，所以我来南京就上三年级。到三年级下（学期）时，（学校）就靠得近点了，不用跑那么远。后来可以根据考试成绩决定上几年级，我通过了五年级的考试，之后就在鼓楼上学，离家就近多了，从北阴阳营走到碑亭巷（位于南京市珠江路与中山东路之间），大概六七里路的样子。

孙：您父母亲当时做什么工作呢？

班：工人，在久大盐业公司上班。

孙：来南京后生活是不是就好了？彻底结束了您家之前比较艰苦的生活了？

班：也不是彻底结束，只是要好很多。我上初中时，父亲又没有工作了，又回到乡下去，家里就剩我母亲一人做工。当时我母亲做打黄包盐的工作：用黄色的纸把盐包起来，叫筒子盐。全家只有母亲一个人挣工资，肯定不够，有时拿苋菜加点米煮一煮就是一顿晚饭。我是这样苦过来的。当时不觉得苦，现在越过越好，回头看看那时是苦的。

我初中时做家庭作业就是在一个木头箱子上，煤油灯是自己拿个墨水瓶做的：盖子上戳个洞，穿条棉纱当灯芯。我学习比较刻苦，夏天就在宁海路的电灯杆下看书，就是这样过来的。我现在觉得过艰苦的生活对我有好处。有人说，班华你很聪明。我觉得自己一点也不聪明，我的智商和大家一样，只是在学习上不怕苦。

孙：也许正是小时候的艰苦生活让您具有了刻苦的品质，也更珍惜学习的机会吧。

中师和高师教育

班：1953 年我初中毕业，考入了南京市立师范学校，校址就是现在的宁海中学（南京市鼓楼区宁海路 39 号），在这之前，校址是在新街口（南京市中心地带）的一条巷子里。

孙：当时为什么报考了这所学校呢？

班：因为我想当老师。上初中的时候，我中午经常去学校旁边的文化馆看报。初中学校的校址在碑亭巷，靠近现在的人民大会堂①，文化馆就在附近。那时候中午饭很简单，就是块儿黑面大饼，所以午饭后还有很多时间，我就去文化馆。我在那儿看到有一首题为《我愿永远做一名人民教师》的小诗②，很喜欢，就把它抄在本子上。

报考师范学校还有一个原因：家境贫困。师范学校管吃住，还不要钱。一进校，老师以及老学生都非常乐于帮助新生，他们都很热情，我觉得很温暖。

孙：当时的情况下，和其他升学选择相比较，中师是一种怎样的选择？

班：当时中等学校有三类：高中、中等职业学校和中等师范学校（下文简称中师）。

这三类学校在入学分数上不一定存在差别，但课程上有差别。中师的课程除不开设外语课外，其他与高中课程几乎一样，但中师开设教育学和心理学（课程）。后来南京市立师范学校被撤销了，改成了宁海中学。据说在县里设立了县中师。我一直觉得中师是不应该被取消的。

孙：您是说您当时上的那所中师学校不应该被取消，还是说整个的中师教育？

---

① 原国民大会堂，新中国成立后大会堂回到人民的怀抱，更名为人民大会堂，成为江苏省及南京市的政治文化活动中心，坐落在长江路 264 号。

② 王汝涛，《我愿永远做一名人民教师》，发表于《中国青年》1953 年第 16 期，全文为："我曾做过许多天真的梦 / 我梦到写诗、探险、探矿、开拖拉机……/ 今天，我却骄傲地想：/ 人民教师是一个光荣岗位。/ 当我站在天真的孩子们面前，/ 校长介绍：'这是你们的老师'，/ 几十双圆亮的眼睛向我凝视，/ 倾听着我嘴里跳出的字句。/ 我觉得教室像个大花园，/ 面前是一丛丛鲜花带着露滴；/ 我愿能成为一个勤恳的园丁，/ 我愿鲜花永远生长在春天的阳光里。"

班：整个中师教育。中师教育的作用很大，特别是对于基础教育而言。当时市中师的师资水平是很高的，是县中师比不了的，培养了很多在各个岗位上非常优秀的人才。南师（指南京师范学院，今南京师范大学，后同）教历史的关吉罡，（教）音乐的黄友葵、刘秀英，（教）美术的袁树藻、刘元，（教）体育的袁树青，原来都是市中师的老师。

跟以前相比，现在的学校教育丢掉了很多东西，比如“搬学校”。市中师校址先是在中山南路羊皮巷（我们宿舍的人也在朝天宫住过），1954 年搬到宁海路。从朝天宫到宁海路（大约 5 千米），学生不仅要徒步来到新校址，还要把课桌、板凳一起抬过来。我们还参加过农田防汛，在下关江边装麻袋，再把麻袋装到卡车上运往江东门。我们也到秦淮河的草场门段挖过河泥。1954 年冬天下大雪，我们到大马路和琅琊路小学门前的路上扫雪，让小学生上学更方便。我认为学生就要多做一些事情，吃点苦。这既是锻炼，也是一种经历。经历就是财富。

当时也有很多师生一起开展的活动。在南师读书的时候，元旦前在随园的草坪上搞活动，陈鹤琴先生——当时的院长——亲自扮演成新年老人来到学生中间。毕业时陈鹤琴先生表演节目，一边唱《我是一个小兵丁》[①]，一边走到学生中间跟大家互动。陈先生是学前教育的大家，特意选择了欢快活泼的儿歌来参加学生活动。当时这些都是很平常的事情，没有什么报道宣传。

还有罗炳之先生。罗先生是外国教育史专家。他做外国教育史不是仅仅写几篇论文，而是确实做了实地考察。他著有《中国教育史》《师范教育》《教育行政》《教育科研方法》，是位著作等身的老先生。

---

① 当时流行的一首儿歌，歌词是：“我是一个小兵丁 / 哒哒哒 向前进 / 你是一个小兵丁 / 跟我前进 / 拍拍手 踏踏脚 / 一二三 三二一 / 我们都是小兵丁 勇敢前进。”

1956 年我刚进南师时，班级活动邀请教育系的老师们参加（我们好认识认识老师）。罗先生走进教室，还没坐上位置，就走到每个学生面前和我们一一握手道好，自我介绍说："我叫罗炳之……"他原本可以坐下来，然后等学生热烈欢迎，但他没有。老先生非常不简单。

再比如在市立师范学校的时候，如果老师叫学生去办公室，学生走进办公室之后，老师会立即站起来，表示对学生的尊重。所以师生关系都很好。现在每年我们班在南京的同学都会去看望中师的班主任，上半年、下半年分别要聚会一次，已经坚持半个多世纪了。

孙：当时的班主任还健在吗？

班：是的，他比我们大不了几岁。以前每年正月初五我们都会去给老师拜年，后来大家年纪都大了，考虑到初五有时候会下雪结冰，害怕路滑，大家商定就把日子改成 3 月 15 日。以前是给老师拜年，现在是专程看望老师。去年（2011 年）12 月 12 日的聚会，则是为了给班主任庆贺 80 岁寿辰。

现在有些好的传统丢掉了，很多事情比较难办，比如学校的造假问题。家丑不可外扬，但实际上这些都是公开的秘密。教育科学学院办过一个教师培训的新疆班，让我去讲一个专题课。其间有个新疆学员问我："一个学生问我，班主任教我们造假，我们怎么办？"对于这类问题，我丝毫没有思想准备，只能边想边回答。我说："第一，你要表扬这个学生。第二，作为班主任，在某种情况下你不得不做这样的事情，你要尽量积极引导自己的学生，使这件事情的负面影响降到最小。此外，你以后还可做些消除负面影响的工作。如果你尽了努力，影响仍得不到肃清，效果不好，也不用自责。就像我们都在同一列飞驰的列车上，即使知道列车驶向了错误的方向，也不能盲目冲动地跳下火车。只要尽了自己的努力，把工作做好了，就不要自责。"这些都是德育面临的新难题。现在德育的生态环境发生了变化，更加复杂了，必须优化德育的生态环境。

1956 年我中师毕业时，国家正大力宣传模范教师史瑞芬和苏联乡村女教师的事迹。学校抽调了一部分学生，经过短期培训去做中学教师（当时缺乏中学教师，需要尽快补充），宣传口号是“去的高兴，留的安心”。当时人们思想比较单纯，尽管大部分人要去苏北这些贫穷的地方做中学教师，但是没有人有怨言。除了被抽调的学生要做中学教师外，余下的人就是做小学教师。但到暑假前，余下的同学突然被告知可以考高师，之前从来没有过这样的事情。

薛（晓阳）：高师指什么？

班：高等师范学院。

薛：当时高师是怎么定位的？原来中师是培养小学教师的，刚讲到中学缺教师，抽调的中师生经过培训后可以做中学教师，那么高师是专门培养中学教师的吗？

班：基本上是这样的。当时是抽一部分人经过短期培训去做中学老师。被抽调的人由于去向已经定下来了，就不再参加高师考试了。可以讲这是一个难得的历史机遇。当时我报考了南京师范学院，也可以报考北京师范大学和华东师范大学。

孙：当时大家都考高师吗？

班：都考啊！为什么都考呢？因为当年高中生很少，大学招生招不到，所以号召中师生报考高师。当时报志愿也是自己报，没有人告诉你报考什么学校、什么专业。我的专业第一志愿填了教育系、第二志愿是幼教系、第三志愿是政教系，后来才知道南京师范学院幼教系当年不招男生（在这前面一届大约有过 4 个男生）。我以第一志愿被录取到了教育系，后来留校工作，这（指高师毕业留校工作）按当时来说是不可能的。

郭（勤）：在毕业之前，他就被确定留在了教务处，毕业分配以后他才去教育系工作的。

孙：为什么班老师会这么特殊呢？没有毕业就确定留校了。

郭：他当时成绩优秀，五分制的考试他通常是五分，只有少数几次是四分。

孙：班老师，您那个时候学习那么好！是因为天资聪明还是热爱学习呢？

班：我说过，我是农村人，学习上能吃苦，也比较勤奋。我也学过教育统计学，先学后教，也教过教育统计学。

薛：我记得班老师教教育统计学，当时还没有比班老师更年轻的老师呢。

班：你是哪一年在这里读书？

薛：1980—1984 年。

班：1980 年我去华南师范大学教育统计学备课班学习，班上大概有七八个人，有山东师范大学、河北师范大学的一些老师。

薛：20 世纪 50 年代的学生是怎么学习教育统计学的？

班：那时候没有教育统计学的课，我上学时没学过统计学。学校是从 1980 年以后开始教统计学的。有一次黄人颂老师碰到我，说是因为我聪明（才让我去教统计学的）。但是实际上我教统计学之前参加了备课班，回校后又自学了有关讲义，并就难点问题专门到南京大学请教在华东师范大学（后文也称华东师大）学过统计的老师。我为上这个课做了不少准备。

孙：老师一直是爱学习的。听师母说，您和师母是在高师认识并恋爱的，就是因为老师学习好！

郭：是共同的时代机遇让我们走到了一起。我们都是中等师范学校的：他在南京市立师范学校，我在南通女子师范学校。

贾（修建）：南通女子师范学校现在还在吗？

班：南通女子师范学校现在已经没有了。

孙：那时候，南通女子师范学校也是很好的学校吧？

郭：是江苏省属师范学校。我毕业时，已经和小学的小朋友联欢过了，而且小朋友星期天也来我们学校玩过，我准备去实习了。考上（南师）教育系的 32 个人中，直接从中师考上来的共 6 个人，大部分都是调干生[①]，有的还是小学教导主任等，也有跟我们年龄相仿的、工作一年考来的。

孙：那时除了中师生和高中生，参加过工作的人也可以考大学？

郭：工作的人也可以考，算是同等学力。中师生考高师唯独这一年是可以的，以后（高师）就没有再招中师生了。进校后，我才知道学校教育专业已经很多年没有招生了，我们是新招生第一届，32 个人都是第一志愿考上来的。老师对我们都特别好，我们那时候什么（报志愿、选专业）都不懂。调干生为什么瞄准教育系呢？因为教育系的教授最多，大概有 12 位。

孙：就是说他们（调干生）在填志愿时是了解情况的？

郭：不知道。我为什么报了教育系呢？我想以后还是要当老师，就把我的老师回忆了一下，觉得南通女子师范学校里教育学的老师教得好，以后出来能够像他一样教（教育学）就好了。

老师的名字记不住了，只记得姓施，男老师，讲课有条理，清清爽爽，非常生动。我也喜欢中文，但是改作文太可怕了！所以我第一志愿是教育系，第二志愿是历史系，第三志愿是中文系。

孙：这跟班老师的志愿不太一样。

郭：他是三个“教育”的。

---

① 从 1953 年开始，凡是国营企业、事业单位和机关、团体以及中国人民解放军系统的正式职工，经组织上调派学习，或经本人申请、组织批准，离职报考中等专业学校和高等学校的，都称调干生。调干生有带薪和不带薪两种。保送的都带薪，本人申请、组织批准离职的不带薪。保送条件主要是本人出身好、表现好、领导信任，原来的文化基础不重要。这些人上学主要是为了“镀金”，毕业后多数就是各级领导。不带薪的毕业后，如果工资低于原来的工资，则恢复原工资。

班：我第一志愿是教育系，第二志愿是幼教系，第三志愿是政教系。因为我这个人没有二心，就想对教育有所作为。如果一定要给学习好找个原因，可能跟我喜欢动脑筋有关，关键是我心在学习上。实际上大学学习没有什么特殊的，比如老师来上课，下课后大家去图书馆或资料室看书。没有你学习 8 小时，我要学习 10 小时的情况，到晚上睡觉，大家都一起就寝，不然还打扰别人。所以我没有早起，没有晚睡，也没有少玩。

实际上跟那些调干生相比，我学习并不算好。他们的语言组织，还有对问题的领会比我要深。

郭：我对他的感觉不是这样的。上学时在北大楼上课，我们经常坐在第二排，一排共三个人，我们俩中间还坐了一个同学。我一转头看到他的笔记。笔记记得那么好，字又好看，这是第一个印象。另外就是当时课堂发言，基本上都是调干生发言，中师来的同学都没什么说的，但是他发言好。

辩论时，有的调干生还辩不过他。具体我说不出来，但确实好。我当时对他没什么想法，只是想：这样的同学毕业后要保持联系，对自己的工作也会有帮助。我是很淳朴的，那时都是把工作和学习放在第一位。后来我们俩就走到一起了，但是没有像有的同学那样表现得卿卿我我。

孙：那时好像还没有这种氛围吧？

班：也有。我们同班的两个同学（谈恋爱），干什么都在一起。这样当然也可以，但是我们俩不会只两个人在一起，远离同学们。当时比较突出的是化学系的一对，他们形影不离，吃饭也在一起，几乎不跟其他同学在一起。我们俩有时也在一起吃饭，但不是特别多。

孙：你们那时的其他同学对他们这样谈恋爱有没有什么看法？

郭：有看法的。

孙：刚才师母说，老师上课发言很好，中师来的学生很多不敢发言。您是因为胆子比较大吗？

班：不是。我实际上比较内向，动作也非常缓慢，用老家话讲“走路都怕把蚂蚁踩死”；说话声音也不大，大人说“这个小娃子讲话像蚊子哼”。而且我很少主动和别人交往。这个性格是怎么改变的呢？学习比较好对我的影响是很大的。初中时因为我学习比较好，做班干部，这样锻炼锻炼，就好多了，而且我有几个比较要好的同学，无形中就给了我一种勇气。

我在政治上要求进步，1950 年初中一年级就入了团。记得是 1949 年解放后建的团，当时叫中国新民主主义青年团。因为我看到电影上讲共产党如何为共产主义事业努力，心里也就有了一种向往：以后要争取入党。我初一入了团，但后来出于特殊原因我回农村了，关系遗失了，从农村回来后就上初二，不是团员了。我初三时又重新入团，到市立师范学校时，我还是团员。1954 年我就写了入党申请书。我对党的感情是很纯真的，很实在的。

郭：我插一句。工作以后，他刚开始在句容（镇江的一个县，与南京毗邻）。春节时人家都回家，大概是组织号召不回家，他就写了封信给我（当时我们都有孩子了）：“郭勤同志，毛主席教导我们：他人第一，工作第一。今年春节我不能回来了。”平时，别人都是两个星期回来一次，回来时会带好多农产品。他（回来）什么也不带。我有时就想，家里有小孩子，回来带点什么，那边东西可能也便宜。我们（我自己和孩子们）就对他有点看法。他却说：“工宣队讲了，什么都不能买，我怎么能买呢？我不能要嘴皮不要脸皮。”

班：这个我记不清了，工宣队讲的话，我是相信的，我是听话的。

郭：（笑语）哪是不能买呢？其实人家都买好多。

孙：您这种听话是源于对党的忠诚。

班：对，我是非常听党的话。社教（指社会主义教育）时，我每次回来都带点土产品的，因为这时没有什么工宣队的限制了。

孙：您对党充满向往之情，但入党是有要求的。当时什么样的人才能入党呢？

班：要看各方面表现。什么事都要尽量做好，学习要认真，要遵守纪律。这些我都表现很好，在中师时我两次被评为“优秀生”。

孙：当时评“优秀生”是什么标准？

班：基本上是“三好”的标准，但当时不叫作“三好”，叫作“优秀生”。

郭：我们幼师当时也评“优秀生”，要求成绩里要有八个“五分”。那时学的科目多：语文、数学、物理、化学、语文阅读和写作、政治等，然后是教育学和各科教学法。

班：中师的课程中，数学要求低一点，物理和化学跟高中程度一样，不学外语。这样学数学的时间节约了，学外语的时间也节省下了。这些时间就用来学教育学、心理学和各科教学法。我在初中时考师范学校就是想要做教师，心里只想将来做个小学老师就好了。

孙：没想到做了大学教师！

班：这是出乎我意料的。做小学教师，我是有充分思想准备的。当时一些同学经过培训去做了中学老师，因为在人们心中还是觉得中学老师比小学老师层次更高，学校就提出来，“去的高兴，留的安心”。我当时就很安心，做小学老师也很好嘛，再加上，我专业思想也是很牢固的。当时在溧阳清水塘任教的全国模范教师史瑞芬的事迹，以及对苏联电影《乡村女教师》的宣传，这种氛围让我感觉做教师很好。另外我说过我读过的一首诗对我影响也是很大的。

孙：因为向往，所以优秀。

班：获评“优秀生”、做班干部对我的性格有很大改变，让我有一种自信。比如我是团员，虽然不是党员，但全班也只有 4 个团员，是比较少的。我性格内向，虽然对唱歌很有兴趣，但是让我在大庭广众下唱歌，我就唱不出。初中时我每天早上在床上唱给自己听，对各种乐器有兴趣，基本上都摸索了一下，不精。

大学时有一次在清凉山公园搞活动，有个女同学唱“桂花儿开放幸福来”，我就吹笛子给她伴奏。我能拉二胡，也会弹风琴。第一个五年计划时，南京市搞音乐会演，在人民大会堂，我也参加了，去拉二胡。

郭：他画画也很好，但体育不好。

班：体育虽然不是很好，但可以拿到及格以上的分数。我爱静不爱动，画画是我的兴趣。我在初中时，自己画了个吴运铎的肖像，画在他的《把一切献给党》的书的封面上，是一幅素描。

中师的学习让我受益一生。就像学乐器，只要你懂乐理，就会一通百通。当时在中学我们就有乐理课。在中师我学画画，也对我有很多帮助。（因为学过画画，）虽然我没有学过摄影，但可以自己悟。比如说照相首先是选景，必须有个标志性的东西，是这个地方独有的；其次是构图，要明确中心是什么。（如果）中心是人，就不能把人照得很小；中心是景，就要突出景。比如几个人照相，你是老师，他们是学生，你就不能站边上，这样不太好，有时也要看服装颜色的搭配。前几年，在学校和《中小学心理健康教育》杂志社来的几位老师吃饭，合影留念时，我建议一个女老师站中间。照完后，我给她说了三点理由：第一是构图美观，她穿的是红衣服；第二，她是女同志，两边站男同志，这样比较对称；第三是光线需要。

孙：像师母说的，您这样从中师考取的，学习很优秀，政治上积极进步，又有点音乐天赋，肯定是很突出的学生。所以，我估计当时师母看上您，不仅仅是因为您学习好，也是因为您其他方面也很好。我就很好奇，您是怎么鼓起勇气跟师母讲明心意的呢？

班：那我总归是要解决这个问题的嘛。因为她呢，比较老老实实的，人很正派，她家经济条件也不好，生活要求不会太高。有的女孩子穿着很漂亮的毛线衣（那时毛线衣还是比较少的），这样的女孩子我以后也负担不起。

郭：我们都是拿生活补助的人。

孙：老师，我觉得您现在说的和您平时的一贯说法不一致。您总是鼓励我们，说谈恋爱时就要爱情至上。

班：你讲的完全对。我当时（指恋爱时）没有想到这个，没有这样的理性，这是后来的想法。爱情至上，也是在一定意义上说的。不考虑家庭，不考虑（挣）多少钱，也不考虑父母是做什么的、是不是在同一个地方工作，这些都是次要的。谈恋爱就是爱情第一，其他的都是可以商量的，而且条件也不要太多，这都是我后来悟出来的。

孙：老师大学的学习一直非常好，但您不认为自己聪明，那是为什么呢？

班：学习（好）不是大学才学的，在小学、初中和中师有了很好的积淀，我自己也比较刻苦。思想方法非常重要，我比较在意学习有关理论，特别是哲学。中师时我就买《毛泽东选集》来学习。《毛泽东选集》第一、第二、第三卷是分几次出版的，出一本我就买一本。我考进南师后，出了第四卷。我都是用零花钱买的，而且都认真读过。大学里的学习真正对我有帮助的是哲学理论的学习，也学了一些心理学，而不是凯洛夫的教育学（这个都没学完，那时没有时间学，都在劳动）。我在中师时就自觉学习了毛泽东的《实践论》和《矛盾论》（当时是李达解读的），还有斯大林的关于辩证法和社会主义建设的著作。当时买的是厚的精装本《辩证唯物主义》和《历史唯物主义》。我认认真真地看，从头到尾做了纲要式的笔记。大学时还学了南京大学孙叔平编的《辩证唯物主义和历史唯物主义》，作为辅助教材，我还学了大众哲学。所以对于哲学的原理，我基本上是了解的。本科毕业时，我写了《矛盾论是研究心理发展的重要理论基础》（当时这个题目有人不接受）。工作后通过自学，又进一步了解了这些理论。当时指导我的熊子容老师认为我进修的成绩还不够，教训我要好好学习。读了《实践论》后，我写了一篇“实践论与教学论的关系”的文章，他看后比较满意。

孙：您是学以致用了，用哲学理论来理解教育问题。我想，老师的大学毕业成绩应该是很好的吧？

班：一般是优和良，不是全优。

郭：那时候期末考试只有两种方式，一种是考试，一种是考查。考查都是口试，两个老师坐在那儿，然后你抽个题目回答，老师会补充问题再问你。那时笔试少，口试比较多。

孙：（师母说）您是高才生啊！像老师这样的教育经历也很特别，先上中师再上高师，所以您学习的有关教育学和心理学的课程应该是比较多的吧？当时用的是什么教材，主要是什么样的上课方式？和现在的差别大吗？

班：中师时用的教育学、心理学教材有两本，应该是王铁编著的，是 1953—1956 年期间人民教育出版社出版的。

孙：当时（教材）的框架、基本观点和现在的教育学教材差别很大吗？

班：框架是不一样的。到高师以后，没有教育学教材，那时教教育学的是老系主任，叫龚启昌。老先生自己编讲义，讲完课后把讲义发给我们看。老先生教学非常认真，按照原教学计划是要教一学年，但只教了一个学期就停课了，实际只上了一半。

孙：后来有没有再补呢？

班：后来也没有时间再补。我们这个年级的同学，教育学课实际上是不完整的，书也没有看完。那时北师大有教材了，也有心理学的书了。但是（北师大）那本书，学校图书馆只有一两本，其他的都没有。

孙：所以（学生们）主要是听课了？

班：主要是听课。那时凯洛夫的《教育学》中文版已经出来了，但不作为教材，学生可以自己买、自己看。

孙：龚老师讲的教育学框架和内容跟凯洛夫的《教育学》体系差别大吗？

班：龚老师的讲义可能受 1950 年（凯洛夫）那一版《教育学》的影响，因为当时有些概念如教育、教养、教学，只有凯洛夫的《教育学》中才有，龚老师在讲课时就已经讲到了这些。

孙：新中国成立初期整体上是学苏联，当时学科建设受苏联影响比较大也是正常的。那在凯洛夫《教育学》翻译过来之前，教育学的课是按照什么来讲的呢？讲哪些内容呢？

班：1950 年就有一本了，是新中国成立后就翻译出来的。我可以找给你们看，那是我在旧书摊上买到的［班老师拿了三本很厚、有点泛黄的书走到座位边来，分别是 1950 年的凯洛夫著、沈颖等译的《教育学》（见图 1）、1955 年波·恩·申比廖夫、伊·特·奥哥洛德尼科夫著的《教育学》以及 1957 年的凯洛夫《教育学》］，它基本上由总论、教育论、教学论、学校管理这四部分组成。

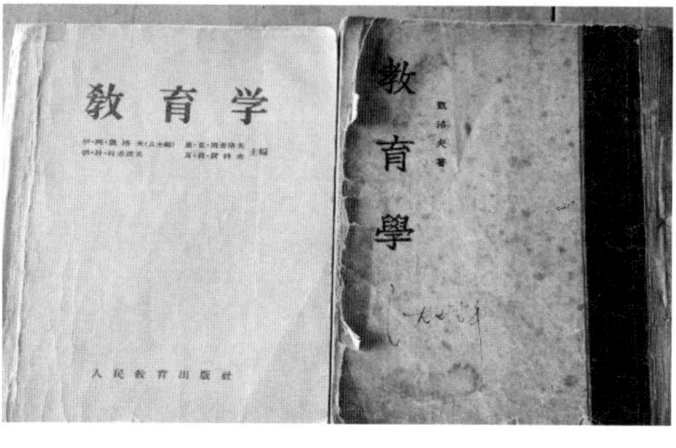

图 1　1950 年出版的凯洛夫《教育学》

孙：1957 年这一版本中已经有德育原理了，而且是在教育理论部分的第一章。

班：可以看一下这个目录（班老师拿起 1950 年版的《教育学》），它是分得很清楚的。总论就是教育的基本理论，教育论包括德育、美育、课外活动、劳动技术教育，这些归为教育论。

孙：它是先讲教学论？

班：是的，凯洛夫非常注重教学。

这一本（1955 年版《教育学》）没有上面这样明确的划分，就是教育总论，教学论，然后是教育论，最后是学校的领导与管理。可以关注一下它的体系的变化。

孙：这样看来，现在的教育学实际上没有超出这个体系？

班：没有超出，基本上还是这个体系。

孙：现在的教育（学）原理的框架，先是教育的本质、教育与人的关系、教育与社会发展的关系，接下来就是教学、课程、教师以及各育，跟这个基本上差不太多。

班：是的，框架差不多，但在内容上是有突破的。教育学领域要创新也是很难的。这个框架主要是针对本科教育学专业教学的，公共课（教学）更注重教学论、德育、教师和班主任这几块，但过去也不是特别明确。

孙：那时上的课门类多吗？

班：都是基本的，没有选修、必修之分。有教育学、心理学、儿童心理学，各科教学法（语文、数学、自然）。教学法中师时也有，到高师时，增加了历史和地理的教学法，此外还有文学习作、人体解剖、逻辑学、外语、政治、体育等。

孙：（问研究生）现在教育学系还开逻辑学课吗？

生：很少有学校开逻辑学课了。

班：其实不开逻辑学是错误的。对教育系的教学计划，我提过意见，现在依然坚持这个意见。哲学、逻辑学、教育科研方法等看上去不是（教育学）专业的内容，但对开拓人的思路、把握好思想方法是必需的。

你们（指在座的研究生）可以去听听逻辑学的课，或自己买本逻辑学的书好好读一读。我大概是二年级的时候（上的逻辑学课），老师年龄比较大，讲的课不是非常精彩，有一个提纲式的讲义。后来暑假时我在和县买了一本翻译过来的《逻辑学》，自己慢慢读，就对逻辑学理解得更好了。我觉得学了逻辑学，对思考问题是相当有好处的。

孙：老师觉得上过的这些课中，给您留下的印象最深、对您以后的工作和思考影响最大的是哪些课？

班：心理学和逻辑学。

孙：师母觉得哪些课程或老师对您的影响比较深呢？

郭：我记得当时教中国教育史的沈子善老师，还有教心理学史的高觉敷老师课上得都很好。专业课之外，我觉得政治课不错，是徐进副院长在一百号楼小礼堂上的矛盾论。徐老师的课上得非常好，我们中午没休息，去上他的课也不会打瞌睡。后来徐老师生病时我们还去看望了他。

班：当时属于政治课的有中国革命史、哲学、政治经济学等，但是课时没保证，也没讲全讲细，也没有教材。

孙：您的成长经历、受教育的情况和我们现在很不一样，但追求真理、探索真理的初心是一样的。

班：那当然。我相信马列主义是科学，是社会科学，毛泽东思想也是科学。如重视工农劳苦大众。问题就是现在有些人忘记了这些，做得不好，背叛了党的宗旨。党的宗旨就是全心全意为人民、为劳苦大众（服务）啊！我坚信：人民群众是历史的创造者。毛泽东说："人民，只有人民，才是创造世界历史的动力"，这是完全正确的。所以我重视农民（孩子）的教育问题，重视工人（孩子的）教育问题。我不怎么关注流行歌曲，但是有一首歌的歌词里说："老百姓是地，老百姓是天，老百姓是共产党永远的挂念；老百姓是山，老百姓是海，老百姓是共产党生命的源泉。"我觉得这首歌实际上反映的就是党的宗旨，也是历史唯物主义的真理。

最初的教学生活

孙：你们刚毕业时工作没有在一起是吧？当时师母去哪里工作了？

郭：我毕业后分到苏北淮阴市涟水县教育局教研室兼教师范教育课。

孙：当时两地分居，你们有没有动摇啊？

班：（笑着说）动摇什么？我们坚决要做教育，当老师。

孙：两地分居，生活不方便怎么办？

郭：分配（工作）时，组织上有的也考虑了这个问题。比如我们一个已经结婚的同学，家在北京，就把她分在南京了，因为北京与南京间交通方便点。我们当时就没有被照顾了。

孙：后来是什么时间调回来的？

郭：1965 年。我刚开始在南师第二附属小学（现江苏省教育厅所在地）做教师，1972 年调到四中做中学教师。

孙：你们是哪年结的婚？

郭：1961 年。毕业后，开始工作了就结了婚。

孙：那时谈恋爱就是意味着要结婚的，对吗？

班：谈恋爱不等于就结婚的。

孙：班上当时有多少人谈恋爱？

郭：班里 32 个人，调干生全部都结婚了，没结婚的很少。

孙：听说你们结婚时条件也是比较艰苦的，没有什么家具？

班：是的。我们受的教育不一样，（当时）根本没有讲排场的人。我毕业后一开始工资 40 多元，一年后才拿到 53 元，每月要寄给我姐 10—15 元，寄给父亲 5 元，寄了一年。结婚时家具都是租的，甚至连床也是租的。

郭：为了结婚，我妹妹送我一对枕套，我买了两条枕巾。他（指班老师）还写信说枕巾是不需要的。

孙：老师是不是觉得您奢侈？

郭：对。我买了一条床单，我父亲给我寄了一床棉絮，这几乎就是全部家当，连新衣服也没做。当时根本没想过这些。他（指班老师）家里也很穷，租的是人家停汽车的房。房里只有一张床、一张小桌子、一条板凳，还有两个小箱子，其他什么也没有。

班：当时都是这样的。我们都是一无所有的，一个小箱子是自家人用木板钉的。当时有条件的人也讲究，但是我们既没有条件，思想上也没有想过这事。

郭：真的没想过，甚至当时连他工资多少也没问过。工作报到的时候发给我二十几块钱，我激动得不得了，还问人家："我还没工作呢，怎么就发工资给我？"当时我们的伙食费是一个月一人 11 块钱，我们俩一起吃饭，一个月可以省 6 块钱。一个月我当家，一个月他当家，我当家的时候一般前紧后松，他当家的时候就前松后紧了。

孙：所以师母统计学比班老师学得好（笑）。

郭：结婚以后就可怜了，他拿 53 块 4 角，我拿 51 块 7 角，一直到 1977 年，总共才涨了几块钱工资。

孙：那会儿姐姐她们（指班老师家的两个女儿）多大了？

郭：我 1977 年涨工资的时候，她们已经 15 岁了。第一次涨工资很有意思。我工作了 17 年（到 1977 年）一共涨了 7 块钱。房租、租用家具的钱合起来，总共 94 块钱，去掉后我还剩 5 块钱过年。那时还要买煤球烧炉子。我们两个借平车把煤球运回来。班老师还砌了安全灶，请邻居买了两个罐子，放在煤球炉芯的两边，利用余热烧水，这样就有热水用了。一直到 1980 年以后才分了个煤气灶。

班：我们生活还是比较紧的，因为从小我姐姐供我上学，（所以工作后）每月我都会寄些钱给姐姐。你师母也要寄钱回家贴补家用。当时扣完房租、水电费等等，一个月下来就只剩下十几块钱生活。

孙：十几块钱现在看来太少了。你们当时对自己的生活满意吗？

班：那时候我没觉得困难。刚工作时分到一间小房子，领导对我说可能太小了。我当时觉得已经很好了。后来我们分到了个两人间，我们一家住朝南的房间。1979 年就“赶”我们走了，让我们搬到了新单元房子，里面就有单独的厨房和厕所了，而且卧室还是朝阳的。到 1986 年，又“赶”我们走，搬到南师的西山 14 幢，有 78 平方米，一家人住在一起。很好！

孙：刚开始工作时感觉怎么样？

班：留校后我开始做公共课的老师，同时也做老系主任熊子容的助教。他是湖南人，曾在湖南第一师范学校和毛主席做过同学。这个老先生工作是非常认真的。教本科时，熊子容在业务上指导我。

孙：当时是这样的制度吗？安排一个老教师指导新教师？

班：这个情况是各式各样的。按规定必须做满 3 年助教才能上课，我比较特殊，一留校就让我教公共课了。

孙：（笑）那为什么呢？为什么您这么特殊呢？

班：我们进来以前有好几年没有招生，教师人数不多。我是最年轻的教师，前面老师年龄都已经相当大了。当时公共课面向的学生也是面广量大，所以一留校我就开始教公共课了。

1964 年我就去农村开荒种地，到农场劳动或办学了，所以真正上课是 1961—1963 年，那时我就在上公共课。当时南师各个系（的教育学课）我都去上过，中文、美术、音乐、政教等。我就是那时候接触了一些教学，也真正在做教学。后来很长的一段时间里经历了复杂的社会实践，有很多人不理解，也有人回避那些事情，我能理解。

理解并且理性地对待它，这是唯物主义。回避没有用，这是事实。唯物和唯心我还是划得清的。这些很多是我这期间读书学到的：以前我看过一些很薄的哲学小本，后来系统地学习了辩证唯物主义和历史唯物主义，这些思想可以说塑造了我的信念。

孙：是这种哲学信念在帮助您理解生活和世界？

班：对。比如历史唯物主义非常重要的观点就是讲个人与人民群众的关系。是时势造英雄，还是英雄造时势？历史唯物主义讲得很清楚，只有人民群众创造历史，不是个人的作用，当然个人的作用也很大。《国际歌》的歌词里说："从来就没有什么救世主，也不靠神仙皇帝，要创造人类的幸福，全靠我们自己。"我觉得这也是历史唯物主义的观点。毛泽东讲的内因外因关系，事物发展靠自己，靠内部矛盾。2011 年《中小学德育》（《小学德育》改版）让我题字，我题的就是"优化德育生态，让道德生命自己成长"。德育生态是大环境，道德生命要自己成长，别人代替不了。同样的客观环境，为什么生长得不一样？这个人走到这一步，全是自己创造的，是自我运动。这是我的一种信念。

孙：所以说哲学是世界观，是方法论。一旦接受某种哲学观，它会从根本上改变人对所有事情的看法。

班：对。所以我主张大学的课程设置要非常重视学哲学、逻辑学和科研方法。以前讨论学前（教育）专业的课程设置时，我就说，不要老是开设那些语言教学法、计算教学法、常识教学法等，学生只要学到了一种教学法，到幼儿园去了后，再看看书就可以触类旁通，应该把时间花在学哲学和研究方法上。其实哲学道理就那几条，关键是要好好理解。我好多书都没读过，但是注重对一些基本思想观点的理解。实际上道理就那些，理解了，接受了，就按照那个去做。

孙：从上学到工作初期的这些复杂经历，有没有让你们产生对“什么是真理”的反思？您自己的经历对你们思考到底什么是真理，还要不要去追求真理这些问题有什么影响吗？

班：是有许多人怀疑的，但是我没有。因为我很理解，所以没有怀疑。我就是坚信马列，绝对不动摇。我一直相信上面讲的话，我认为党的领导是正确的。我自己也有理论上的学习，而且比较重视。对毛泽东思想也一样，这个观念还是非常牢固的。现在关于马列主义的论断也有些不同看法了，这个我有的接受，有的也未必接受。

孙：这是坚定的政治信念。您相信共产党，从小时的经历到见证共产党建立了新中国，改变了中国的面貌，这是事实。因为事实，您相信这种政治的可靠性，通过读书学习或者听课，您坚定了这种信仰。但是有人认为知识本身是另一个体系，是一个真理系统，这二者是两回事。

班：这两者不能完全分开。我相信马列主义知识是对的，毛泽东思想是对的。要说信仰或对某些东西有怀疑，也经历了相当长的过程。特别是改革开放后，思想才慢慢地打开，原来从某种程度上来说，思想是比较僵化的。但是我觉得党的领导是正确的，它就是为劳苦大众的，这条对我很有影响，包括现在我对教育的考虑，仍然是这个思想。

比如说中国教育的特色。我认为要探讨中国教育，在教育理论上要有所发展、有所前进，非常重要的就在于关注农民，关注农村教育。前段时间，我专门写了个东西给班主任研究中心的高谦民。文章写得很详细，明确要关注农村班主任的研究。我列了很详细的提纲，比如说农村学生的心理特点、学习特点，农村学生家长的特点、文化程度、生活方式，农村教师特别是班主任教师的工作情况、特点等等。我非常明确地讲，这是研究中国教育应该关注的东西，研究班主任也可以。这在某种程度上来说是中国教育的一个特色，我希望他能搞个课题，研究一下农村班主任。这也跟我的成长经历有关系，因为我从小生活在农村，所以对农民情况相当了解。不仅是因为我儿时生活在农村才很了解，还因为我在读书期间，以及后来的工作期间，在农村待过相当长的时间。

对党的执着追求

孙：老师前面提到，您很早就递交了入党申请书，也一直对党有坚定的信念，能说说您的理由吗？

班：我们家住在公屋的时候，时常会有国民党军队、日本人的军队、新四军的部队路过。不过国民党和日本的军队只是路过，没有驻留过。新四军的部队是在我们公屋住过的。老百姓希望新四军来，因为他们对老百姓好，不会像国民党一样抢百姓的东西。我记得有一次，这些新四军在我们的堂屋住，在屋外面熬硝，用来做手榴弹的炸药。我当时是小孩子，他们还跟我玩，有时候帮我们做点事。不仅是我对他们印象好，我们全村人都对他们印象好。比如说，我们那里的老百姓对新四军怎么称呼呢？称新四军为“四佬爷”。

孙：我想起来有的电视剧里叫新四军“四爷”，你们为什么叫“四佬爷”呢？

班：这个我现在说不清楚，只好原话说出来。“四佬爷”不是指那种高人一等的“老爷”，是那个“佬”，比如说“广西佬”。

孙：哦，单人旁那个“佬”。

班：“四佬爷”不一定是指某个省的人，就是指新四军。国民党的军队中广西人多，老百姓称之为“广西佬”。当时我们唱的儿歌有这么两句话：“吃菜要吃白菜心，当兵要当新四军。”这也说明了当时新四军深受老百姓的喜爱。

孙：就是说您是从对新四军的好印象开始，然后产生对共产党的崇敬的。

班：是，有这个影响。

孙：那您当时就知道他们是共产党吗？

班：那个时候也听说过共产党，也知道一点儿，但就是似懂非懂，后来知道新四军和共产党是一回事。我父亲当时也为共产党做过一些事，比如埋地雷、埋竹签等。后来还听父亲说过一些共产党的事，也会听大人议论：某某（指班老师的父亲）是不是在党（指是共产党）。后来我在向党提出入党申请的时候，我出于（对党的）真诚，把这些事向党（组织）汇报过：我怀疑我父亲当时可能入过党，或者至少是跟党有过一些联系的。由于这个，我的入党申请一再被调查。所以，虽然我一向表现积极，一直都坚持入党请求，但直到 1978 年的时候我才成为正式党员。从 1954 年第一次递交入党申请书，到 1978 年正式入党，其间经过了 24 年。我对党的信念是非常牢固的。

孙：为什么有那么牢固的信念呢？

班：一是新四军给我留下的印象很好，不光是住在我家的人好，整个印象都好，（他们）办冬学①，专门在山上开荒。二是上学后，随着我不断地学习，政治上积极追求进步，1950 年我就入了团。但后来由于土改，我被父亲叫回老家。当时并不懂转组织关系的事情，所以我的团关系丢了。再回南京后，一次在鼓楼街，我看到一队团员扛

① “冬学”是抗日战争时期的一种群众教育机构。由于农民的空余时间主要在冬季，各个抗日根据地都开展了大规模的冬学运动，有力地推动了群众识字和文化、政治学习。有些冬学被保留下来成为常年民校。

着团旗到某处去过组织生活，想到自己不再是团员，眼泪只能往肚子里流。我曾到区团工委，找人查能否找到我的入团志愿书，但没有查到，只好再次申请加入中国新民主主义青年团，并于 1953 年再次入团。我当时就觉得团是共产党的助手，我想以后入党，所以很向往入团。另外，也受当时电影宣传的影响，我觉得共产党很光荣，入党很光荣。我就是觉得共产党是为人民服务的，很了不起。就像现在很多年轻人崇拜歌星、影星一样，我当时很崇拜党员。当时入党主要看是否积极拥护党。因为涉及我父亲的党员身份问题，据说组织曾多次到乡下调查，与我汇报的不完全一致，所以被拒延了多年。当然，最后我还是入党了。

当时家乡小学里有一位叫王守和的老师，是少先队辅导员。有一次我刚好看到他戴着红领巾向学生们训话，就非常羡慕他，觉得他受到了组织的信任。1952 年我回南京在城中上学读书，看到少先队的入队仪式，觉得很神圣。但当时我因为年龄不能参加少先队了。有一次在南通开班主任研讨会时，我讲我一生有两个遗憾：一个是我没能加入少先队；另一个是虽然研究班主任工作，在大学里也做过几年班主任，但从没有在中小学做过班主任。

第二章　教育学问题

新中国的教育学教材

孙：这本书送给您，瞿世英编的《西洋教育思想史》。中国教育学的发展从20世纪二三十年代学英、美，四五十年代学苏联，到后来又转向学欧美，再到现在创建有中国特色的教育学，经历了反反复复的摸索。瞿世英老师非常谦虚地讲本书收录的是二三十年代的教育思想，其实他也写出了自己的个人看法，许多现在看来还是非常好的思想。

班：（翻看着书）嗯，是的，这里面还有我们那时的系主任熊子容老先生呢！

孙：南师是比较早地自己编写教育学教材的，当时为什么开始自己编写教材了呢？

班：1958年时，南师学生分到昆山、溧阳农村各个大队，办夜校。我被分配到溧阳，在城镇工厂里办职工夜校。当时我们认为凯洛夫的《教育学》不讲为无产阶级斗争服务，是修正主义的教育学，不可行，熊子容系主任就组织老师、同学们一起来编《教育学》。这本书就要贯彻为无产阶级服务的思想，由罗炳之和章婉兴老师主持。这本教材由江苏教育出版社出版，有普通版和精装版，精装版后来传到了日本。书的封面是一个人拿着锄头，边上放一本书，意思就是教育要与生产劳动相结合。

孙：后来您讲教育学的课是用这本教材吗？

班：讲教育学也会参考，但主要还是自己的理解。我也慢慢认识到，当初编教材时，对凯洛夫的有些批判还是有点过了。后来在南京人民大会堂作报告时，我讲的就是“评凯洛夫教育学”。我认为凯洛夫的《教育学》中有些东西还是值得肯定的，比如教学过程、教学环节。其中一些观点在当时还是挺受欢迎的。

孙：后来教材有什么新的变化吗？

班：后来，南师教研室组织编写了《教育学》（绿皮书，见图2），1984年由人民教育出版社出版。这本书目前还是被认可的，很多高校仍然把它作为参考书。这本《教育学》最早是分上下册，内部印刷，1980年印刷的，主要参与者有周立人、章婉兴、鲁洁、吴也显等。其中周立人是研究革命老区教育的，吴也显是研究教学论的，还有鲁洁，当时负责教育基本理论，学校工作领导与管理由中学校长

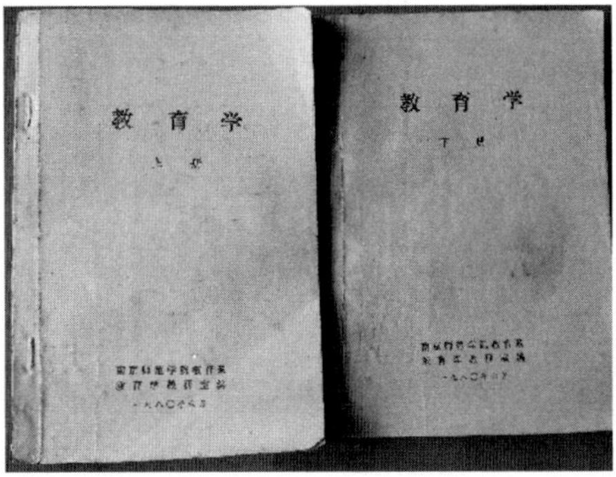

图2　1984年南师大《教育学》

写，体育一章由本校体育教师（新来的钱孝姗老师）写，我主要写德育三章、智育一章、美育一章，共五章。

孙：我记得您以前说过，这本《教育学》的框架体系是您提出来的。它是怎么形成的呢？

班：说到这个，我要自吹一番了（笑）。当时，我在《教育研究》上看到北京体育学院一位老师提出的关于教育学框架的建议，觉得很不错。后来，我又在这个框架中加了智育和教育过程两部分内容，这个提案被教研室认可了。

这本《教育学》是得了吴玉章奖金教育学一等奖的，教研室让我去北京领奖。中央教育科学研究所副所长滕纯来南师时，说我的德育部分写得挺好的。我跟他讲，要重视从宗教那里借鉴一些东西。他说你可以研究，但我从没研究过，我不懂宗教的东西，没有关心过。上小学时，我自己到鼓楼一个教堂看人家做礼拜、看热闹，做了老师以后知道宗教总是教人从善，做好人。德育和宗教一样，也是教人做好人，这一点是相通的。另外，宗教教育不是硬灌输，而是用一个个小故事，吸收了音乐等艺术因素，有很强的感染力。走进教堂，音乐响起来，加上唱诗班的唱诗，人的灵魂自然而然就有一种上升、神圣的感觉。德育光靠说教也是不行的。唱诗班用音乐感染人，我们（德育）也要用艺术去感染人，这在某种程度上是一致的。

孙：您觉得一本好的《教育学》教材是什么样的？

班：目前，我有以下几点考虑：第一，我们的教育研究一定要考虑到中国是农业大国，要考虑农业文化的影响，关心农业文明现代化的基础。现在许多从农村进入城市的人，虽然穿着西装、皮鞋，但他们的农民性是扎根在灵魂深处的。中国人的文化心理还是农民的、农村的。第二，中国是个多民族国家，文化的多元是一特色。第三，中国有几千年的文化传统，我们学西方、学苏联，把老的那一套都丢掉，这是不好的。

对一些教育问题的看法

教育与政治的关系

孙：老师，关于教育与政治的关系，学界一直有不同的声音。您怎么看“教育去政治化或反政治化”的观点？

班：先让我们看看教材中一些概念的变化吧！1958 年，“政治挂帅”讲的是思想政治教育。1980 年仍然说思想政治教育，到了 1984 年南师的绿皮书《教育学》，就提出了德育。我在相当长的一段时间里认为，教育不能脱离政治。生活是复杂的，包括政治生活，你说教育怎么可能会和政治脱离关系呢？

教育与政治的关系，就像两个圆，有重合的地方。但是也不要刻意去把重合的地方扩大。教育是为了什么？为了培养人。培养人干什么？建设国家。这不，教育和政治还是联系上了。但是完全在政治话语下的教育也是不行的。经过这几十年的发展，我们的教育有了很大突破。举个例子，江苏省德育工作会议最开始叫思想政治工作会议，后来省教委主任把会议名称改成了现在的德育工作会议。别看这只是一个名称的改变，其实这是需要一个（思想认识转变）过程的。教育与政治有重合的地方，这是客观存在，“去政治化”“反政治化”是很极端的。我们应寻求教育的合理空间。

孙：现代民族国家的政治体制、政治生活是把教育包括在政治框架里面的，认为教育是政府的义务和责任。这样就把政治与教育绑在了一起。不像古代社会的私学，如苏格拉底、孔子那样，完全是讲自己的个人思想。我们又该如何面对教育的这种现代社会处境呢？

班：我是这么想的，社会是一个大的系统，系统整体中有很多子系统，教育是这个大系统中的一个子系统。文化、科技也都是这个系统中的子系统。各个子系统之间是相互联系、相互制约的，所以不是因为现代化我们就要怎么样，教育与政治之间的联系是客观的，是不以人的意志为转移的。提法可以不一样，比如有人认为讲“接班人”是不太合适的，但任何别的提法的实质都是一样的，一样不可能离开政治。

贾（修建）：那其实换了别的词也一样？

班：嗯，一样。为什么有人觉得这个词不好呢？因为这个词的政治色彩太浓。“接班人”是在20世纪60年代与苏修论战[①]的时候提出来的。当时毛泽东提出要培养千百万无产阶级革命事业的接班人，所以当时的“接班人”指党政机关领导人。因为当时的认识是，苏联的赫鲁晓夫没有好好接斯大林的班，变成了一个“苏修分子”。“接班人”是这么来的。从政治角度严格来讲，学校教育承担不了这个任务。因为（就算是）学习政治专业的（人），也要经过实践（培养）才能成为“接班人”。从现实的情况看，（接班人）是党校培养的，不是一般学校的任务。现在把“接班人”泛化了。按现在的说法，教育培养的都是“接班人”。我是这个想法，我的意思是（教育）不可能离开政治。我们要结合政治，不能脱离政治。当然，对教育来说，政治只是其中一个功能，不是功能的全部。

这两个圆，有重合的部分，我们不去刻意扩大，但是我们不考虑这个重合部分是不可能的。（有人说）政府把教育绑架变成政治，但是不（被）绑架（教育）就能离开政治了吗？即使不实行义务教育，教育也离不开政治。想离开政治，就像鲁迅说的“揪着自己头发想离开地球”，这是不可能的。因为整个社会大系统里面，有政

① 指中苏论战，是20世纪60年代中苏两党因意识形态分歧而展开的论战。

治这个因素。

孙：所以“反政治化”和“去政治化”都是不理性的。

班：是不理性的，是极端的。“去”是“去”不了的，因为两者之间有重合。当然你可以选择不研究重合的那部分，这是个人研究兴趣，但不能否认教育与政治有重合的部分，也不能把它去掉。如果去掉重合的部分，教育这个圆就不完整了。去掉不是实事求是的态度。

孙：实事求是地讲，新中国的教育事业一直是政府在推进的，如今不管是教育规模还是教育质量都已经有了很大的进步。只是随着社会的发展，人民对教育的要求也不断提高，所以教育的现实状况与人们的要求间依然存在不一致，教育政策有时候也会落后于教育研究。其实教育行政管理应该和教育科研紧密联系，共同引领中国教育改革。

王（雅丽）：对。实际上教育政策也是教育研究问题的一个重要来源，重要的教育政策或文件总能引起一个全民关注的高潮，也会被教育研究领域所关注。

班：是这样的。教育政策与教育研究应该建立起良性的互动关系。有的教育政策是落后于教育科研的——我讲的“落后”实际是对它的要求更高一点；也有在现实生活中还没有或很少有研究时，文件、政策就下发并开始引领了。由于中国发展不平衡的缘故，对于有的学校而言是落后的理论，对于其他学校可能是个新的理念。同样，一个国家的教育政策，对一些地区来说已经实现得不错了，看上去是有些“落后”了，但在另一些地方可能还是先进的。政策的推动对这些地区来说还是非常重要的。这是中国幅员辽阔、发展不同步带来的问题。

教育（学）的现代化

孙：班老师，今天主要谈谈关于教育学的问题，以及教育的基本理论问题，学生们读了您的论文和著作，对其中有些问题和说法不太理解，所以来请教。

班：时间太久了，有些文章里写的观点可能淡忘了。提问探讨对我自己而言也是学习。另外，这些文章中肯定有一些不妥当的地方，甚至还有错误（有些问题在当时看是正确的，现在看来却是错误的）。具体我先听你们谈。

王：我首先看的是《对建设我国现代化教育学的几点想法》，这篇文章写于 1983 年，1996 年发表在期刊上。这篇文章主要写了两部分内容：一是教育学的现代化，提出了建设现代化教育学的必要性以及可以在哪些方面努力；二是讲教育学的中国化，也就是在学西方的过程中，如何结合中国的实际问题，建设中国特色的教育学。我想请教的问题是：从 1983 年开始谈教育学的现代化，到 1996 年发表，说明我们还处于建设现代化教育学的过程中，其实一直到现在，仍然在说要建设现代化的教育学。那么，什么才是教育学的现代化？

班：现代化是一个目标，向这个目标前进是一个漫长的过程，不是一蹴而就的事。科技的现代化、农业的现代化，都有具体的指标，在一定阶段完成这些指标，就基本达到阶段性的现代化了。

这个指标是相对的、阶段性的。比如，一段时间内把工业化作为现代化的目标，认为实现了工业化就是现代化了。但是工业生产是不断前进的。不单要工业化，还要自动化，现在许多生产劳动不需要人来做，用机器人、电脑操作，这是信息化、智能化，这也是现代化。所以现代化在一定时期有特定的目标，这个目标实现了，（社会）又会继续往前走，不断发展。用过去的标准看，现在已经是现代化了，但是程度还比较低，人的现代化还有很长的路要走。

所以，现代化是相对的。从领域来讲，最核心的是四个现代化：工业、农业、科技、国防。但是现代化在提出之初没有那么大力度地去实施，其中的原因是复杂的。直到党的十一届三中全会后，提出“以经济建设为中心”，更响亮地提出了四个现代化，同时也提出了“改革开放”。“改革”是对内，“开放”是对外，这样国外的许多教育思想、理论被引进来。刚讲的“人的现代化”，就是从国外引进的理念。有个外国学者写了本书[①]，专门讲人的现代化，我在《心育论》中引用过，对我影响比较大。社会的现代化和人的现代化是同时进行的，是一个过程的两个方面。人是目的。为什么要建设现代化社会？是为了提高生活质量，为了让人民生活得更幸福。幸福包括很多内容，比如你读硕士，不是为了这个名，而是为了使自身的潜能得到发展，用国外学者的话来说，就是自我实现。幸福是在物质生活满足（的基础上），精神生活还能发展得很好。

王：可不可以说，现代化是一个人在社会化和个性化两个方面都发展得很好？

班：社会化也要看从哪个角度来讲，一个概念在不同角度下往往具有不同的内容。比如，道德教育是让（个体）道德社会化，政治教育是让（个体）政治社会化。就是说要成为一个合格的社会公民，必须让自己社会化。但个人又有差异，所以也需要个性化。比如说爱集体，这个人爱集体和那个人爱集体是不一样的，内容不一样，表现也不一样。个性化不是离开社会讲的。这是一个问题的两个方面。

甘（剑梅）：在您写的《教育学》《中学教育学》《德育原理》等著作里面都很提倡一个词：“教育的现代化”，要培养“现代的人”，您能不能说说，您对教育现代化的理解、现代化和教育的关系？

---

① 英格尔斯．人的现代化：心理·思想·态度·行为 [M]. 殷陆君，译．成都：四川人民出版社，1985.

班：这个问题包含很多的内容。首先，什么是教育，教育实际是培养人的社会活动。教育是培养人的，用有些大家的话来说，教育就是要让人和谐发展。“和谐发展”的容量很大。身心要和谐，“心”是其中的重要方面。按王国维的说法，完全的教育，包括体育和心育，心育里包括德育、智育和美育。“和谐发展”，就是要让“体”和“心”和谐发展，让心育中的德、智、美各育也能和谐发展。所以说“和谐发展”内涵很丰富，外延也很大。

教育要培养和谐发展的人，和其他的上层建筑不一样，和其他的社会实践活动也不一样。教育的直接产品、内在目的就是培养和谐发展的人。比如文学是意识形态，属于上层建筑。写小说也是能教育人的，但它的直接产品是一本小说，不是人。政治也是上层建筑，政治活动也是社会活动，但这是处理人与人之间重要的政治关系的，涉及国家宏观管理层面的事，不是为了让人受到锻炼和成长而开展的活动。生产劳动是社会实践，学校可以让学生参加社会生产，从中受教育，但生产劳动本身是为了生产物质产品，其内在目的不是让人受教育。所以，只有教育的直接目的是育人，内在目的是人的发展。所以说教育中“以人为本”是非常重要的，这是由教育的内在目的决定的，是它不同于政治活动、生产活动的本质特征。

现在的教育是不是真正的现代教育了呢？有的地方搞教育现代化评估，评估学校房子怎么样，有多大面积，有多少间多媒体教室，认为这些达标了就是现代化了。我觉得这不是教育现代化的核心。教育现代化最重要的是教育理念的现代化，是培养的人的素质的现代化。这两者是有联系的，（如果）教育理念不是现代理念，培养的人也就不会是现代的人，因为他的素质、他的灵魂深处都不是现代的。

孙：您觉得教育现代化还包括哪些内涵呢？

班：还有就是教育思想观念的现代化。我觉得现代教育观念最重要的是以人为本。为人服务是教育最直接的目的。虽然我们也讲教育要为社会经济发展服务，要促进社会生产力的发展，但是经济发展、社会前进的主体是人，人是最关键的（因素）。教育最直接的影响是对人的影响，通过作用于人来促进经济和社会发展。

再复杂的机器也是人造的，而人不是天生就会的，只能靠教育，通过教育把科学技术传授给人，这个是教育的社会功能。从教育目的来看，一直有社会本位、人本位的争论，有人文主义、科学主义、（现在讲）科学人文主义的学术立场，我觉得归根结底，教育内在的直接目的就是人。教育的现代化，归根到底应该是人的现代化。现在社会有一些不太健康的观念、不太好的做法，教育要为这个社会发展服务，也就是要通过人去解决这些不好的问题，搞好社会文明建设。

现在要特别重视科学精神、科学道德的培养。因为科技发展非常快，我们做道德教育研究的人，要去思考科学伦理问题。比如生态污染问题，这也是道德教育要回答的新问题。科学道德的培养不是具体地去培养学生对个别问题的处理，而是要培养一种人格和心理。全球第 70 亿名公民出生在菲律宾，地球资源要供给 70 亿人，而且世界人口还在不停地增长，要站在世界意识的高度进行道德教育研究。我们不能仅从自己去考虑，教育研究要有整个世界的视野①。

贾：也就是说，现代教育要培养世界公民意识？

班：世界公民实际上就是对整个人类有一种责任意识。过去都讲培养这个素质、那个素质，我觉得还不够，还要有国际视野、全球视野。华西村有个实验小学建校 100 周年，发展得很好，进校门就能看见一个大横幅，上面写着：“做优秀的世界公民，永远的中国人。”从理论上讲，就是教育者思路要开阔，绝对不能仅仅是培养社会主义的建设者和接班人。我们要从中国出发，培养世界公民。这个理念应

---

① 关于世界视野与世界精神的问题，参见：班华．德育目标应有的要求：民族精神与世界精神统一 [J]. 教育研究，2013，34（2）：54–58.

该讲是前沿的，能引领（时代发展）。当然，培养优秀世界公民的理念很早就已经有人提出来了，教育的现代化或现代化的教育学，它的内涵以及教育内容、培养目标就包含着这样的理念。

邵（雪）：老师，我有个疑问。您说要培养具有国际视野和世界意识的人，文章中提到的这些学校也在实践中做到了这些，但这些学校主要分布在北京、（广东）广州、江苏这些发达地区。它们有这样的能力，有参与国际交流的机会，但这类学校目前在中国还是少数。农村或偏远地区的学校没有这些条件，教育质量本身也比较低，在这样的情况下，要它们培养世界公民，是否合适？目标是否太过遥远？是否会给它们造成一种压力？

班：我觉得培养国际视野、世界意识，这属于一种我们应该有的教育理念，当前都能做到的，但具体做到多大程度就要依据具体情况来看。作为教育思想、教育目标，应该有前沿性，我们要有这种教育思想，某种程度上讲，也是一种教育理想。理想总归要高于现实才有意义。

甘：其实老师的这篇文章我还没有仔细地看过，但是我想，这种“国际性”想表达的一个意思是：我们任何一个人，不管处于哪个地方，都是一个世界的人、人类的人、宇宙的人。作为教师，要有一种意识，要让孩子站在这个地方，他知道他和这个国家、和这个世界、和整个人类的关系是什么，关键在于怎样引导学生有这个意识。在许多地方，如果老师花时间的话，还是可以收集到一些资料的。比如平时在幼教工作中用的纸，如果不去引导孩子追溯纸的来源，那么他只会把它当纸来用，怎么对待它都是没有关系的。然而，如果教师引导学生了解了纸的来源，学生就会知道，纸和森林是有关的，而森林和我们的生命，和整个人类是有关的。这样，学生就开始慢慢接触到人类意识了。事实上，这就是怎样引导学生发现自己跟整个人类、整个世界间的联系。老师在教育孩子时，需要有这种国际视野和全球意识，关键的前提是引导老师形成对世界意识的理解。

庞（海英）：老师，您说的这个是不是和诺丁斯的关怀理论是一致的？

班：“学会关心”对我们国家产生大的影响，还是在1989年的“面向21世纪教育国际研讨会”（北京）中的圆桌会议公报发布之后，实际上在之前就有这个（关怀伦理）理念了。我们需要有宇宙的视野，做到还是做不到（是另一个问题），先进的（地区）能做到，落后的（地区）做不到。只要你有这个想法，就有可能。

甘：现在幼儿园就在做了。我们现在和美国的一个专家在做一个关于幼儿品格教育的项目。这个品格教育不是简单地培养孩子一种美好的德性，其实它最关键的是让孩子从小建立起一种人类身份意识，即他是人类的一分子。我们在进行每一种品格教育时，都要让他们想到品格的实践会怎样影响到周围的人和世界的人。这里面有一些策略来帮助孩子领会到，可能只是很浅的一种体会，但会让他有一种意识，有和远方的人建立联系的意识。所以你（邵雪）刚刚问那个问题，我想不仅仅是物质条件的问题，关键在教师的视野和观念。

班：观念的现代化非常重要。现在许多人虽然穿上了西装，但是内心深处还是农民的心灵。我甚至认为，有些人的封建思想还是很重的。比如，华西村是富裕了的农村，它建了大楼，一楼摆了个一吨重的金牛。摆这个做什么呢？解说者说是给大家欣赏，给全世界欣赏。就这样来说，好像也可以。但需不需要如此？金、银、铜、铁、锌，五层楼，每层楼一个，五个这样的大摆设。要不要如此奢华和炫耀？这种奢华和炫耀，实际上是封建思想。什么都讲大，大者为奢，人多为侈。这所学校有一万人，另一所就要有两万人，要超过它。所以，现在办学校追求规模大。学校小有什么不好呢？非要那么大干什么？世界最有名的学校跟我们比并不大，恰恰还小得多。比如，最近高校升级非常普遍，大专升为学院，学院升为大学。也不是说不可以改，过多地注重这些形式就不好了。麻省理工学院没被改成“麻省理工大学”，但培养出了很多科学家，很多拿诺贝尔奖的人。关键问题不是这些形式。所以现代教育要包括劳动教育和消费教育。有人认为，现在财富多了，还要讲节约吗？财富多不能仅从个别人或小团体来讲，应该从整个社会资源、地球资源来讲。教育应该把人的现代化放在第一位。现在我们有了一定的发展，但不要自高自大。

庞：追求那种大（规模、形式），更多的是（出于）经济利益的考虑。很多地方在物质建设上求大、求奢华，看上去很现代，但是在知识和文化上却很落后。

班：是的，不一定大了就好。（20 世纪）90 年代初，我们在江苏农村做课题，一个乡村小学的校长说（他的）校园建设得如何好，保证 20 年不落后。当时，我就跟他讲，衡量一所学校是看培养的学生素质如何。校园建设得好、老师数量多、教室也漂亮，如果培养的学生素质差，这些资源就浪费了，没有发挥应有的作用！

徐（友凤）：在学校里，教师在实行和强调行动时，有时也会使行动变成了一种形式。

班：是的，很多东西在实行的过程中会变味，会沦为一种形式，所以要善于引导。比如，有个学校搞德育评估，对学生品德的评价是给学生个基本分，好的加 5 分或加 3 分，差的扣 2 分，每种行为都有分值。如拾金不昧加 5 分，这样做学生就能学会拾金不昧吗？很难说。再比如奥数比赛，本来孩子对数学还有兴趣的，学校、家长逼着孩子拿金奖，学数学成了为学校和家长拿奖，搞得孩子很苦。孩子一旦得到金牌，就完成任务，再也不想学奥数了，所以最后拿了金奖的孩子对数学没兴趣了。这就非常可悲。任何一个东西，即使在思想上、理念上是正确的东西，搞形式主义也会变坏的。教育的现代化不能只停留在形式上，搞形式主义。形式主义不是教育的现代观念，即使是非常漂亮的、时尚的形式也不是。

孙：是这样的。教育中的形式主义是反道德的，对学生品德的养成会产生消极的影响。

班：德育最重要的是实践，不是形式，是看你做不做，这就是“道德践履”。德育要搞得好，也不仅仅是靠教学。道德教育和别的教育不同，要靠践行，形式主义要不得，这是它最重要的一个特点。现在德育中的形式主义很多，也很严重。这损害了德育的声誉，也影响德育的效果。现代化的德育反对形式主义。比如讲廉政教育，就在小学、中学搞“廉政教育进课堂”“廉政教育进教材”。我还看到一篇报道：中国伦理学会下设慈孝文化专业委员会，设立了“培养孝子工程”的课题，要在4—6岁的孩子中，用5年培养100万个孝子。看上去规模宏大，轰轰烈烈的样子。但6岁的孩子就可以成（称）为孝子了吗？一个人要变成孝子，需要长期受教育，长期实践。孝子是要去做，只要活一天，就要学一天、做一天。道德教育特别要求践行，不是只在某一阶段做某一种德行的教育，而是持续的、终身的。慈孝教育是很具体的，不是设个慈孝文化专业委员会就可以完成的。设立机构，只是形式上的表现，在多大程度上能够推进慈孝教育，还是要看做些什么的。

不管在古代还是现代，德育都要靠践行。当然不能因为现在的教育、德育还有些问题，我们就不践行了。任何东西都有两面性，任何事情都要寻找它积极的方面。不能因为有人搞形式主义，我们就不去努力了，这样也是不对的。

贾：这可能跟市场经济的大环境也有关，在市场经济思维下，功利主义的观念比较重，大家都想图个什么！

班：对啊，毛病在教育，根源是在社会，跟市场经济有关系，跟长期以来的封建思想也有关系。所以，现代学校教育不是只看一些外表的硬件，关键是看培养了什么样的人。人的思想的现代化是核心。人的思想观念落后，即使他能造出很高的楼，穿着西装、皮鞋，也不是现代人。

甘：那您认为现代人有哪些特征？

班：我在《心育论》里引用了英格尔斯提出的“人的现代化”的 12 条，我基本赞同他的说法，这是现代人应有的素质。

人的现代化有很多内容，包括心理素质、思维方式、对待问题的态度、生活方式等等。我比较关注人、现代社会和现代教育。现代跟以往最大的不同，就体现在对人的关注上，以人为本。上面提到的那本书讲人的内容的分量很小，但其中的思想观点很重要。现在听起来，“关注人”已经是普遍的观念，但这个观念的建立还是经历了一个过程的。我记得非常清楚，编《中学教育学》教材时（1982 年），有编辑同志告诉我，不让谈“人”。当时“文化大革命”刚结束，“左”的思想还没有扭转过来。所以在相当长的时间内，可以讲培养什么人，比如社会主义事业的建设者和接班人、有社会主义觉悟的人，但不能讲有个性的人，而现在做有个性的人已经成为时尚追求。

贾：现在有些人的思想还停留在这个（落后的，甚至封建的）水平上，您提的英格尔斯的标准是更高的水平。

班：就是要更高的水平，这是目标啊！所有的目标都应该高于现实，目标是方向，是永远追求的东西，一段时间内的目标达到了，随着时代发展还会有新的、更高的要求和目标。所以一个人要终身学习，终身发展，没有止境的。人具有未完成性，这不仅是讲思想意识，人的身体发展也是未完成的，所以一直要发展。过去讲，“人活到老学到老，还有三分没学到”。“终身教育”是一个重要的现代教育思潮，对于每个人来说，终身教育就是要终身学习。所以每个人都没有理由骄傲，认为自己了不得了。

甘：永无止境！

班：只有开始，没有结束。我经常问自己，我可以停止了吗？当老师是不是就可以停止学习了呢？不能。以前写完的东西，我有时候给学生看看，让他们提提意见。我现在给你们看我的文章，就希望你们给我提提意见。你们也是老师，老师不等于什么都会。南京师范大学建校 100 周年（2002 年），我写了一篇文章，题目是《确立社会主义荣辱观重在道德践行》。荣辱观重在践行，每个人都会说什么是光荣、什么是可耻的，关键在于践行。在这篇文章中，我提到要纠正几种认识误区：不要认为文化水平高的人在思想道德上就比文化水平低的人要高；不要认为老师的思想道德水平就一定比学生的要高；不要认为德育教师或研究德育的人思想道德水平就一定比其他不是这一领域的人思想道德水平要高。这都是不一定的。

甘：您在《中学教育学》中提出，现代人除了现代化共有的特征，还应当有正确的理想、信念、价值观，有爱国主义、集体主义、社会主义思想和道德，能抵御资本主义、封建主义腐朽思想的侵蚀。

班：最重要的就是英格尔斯讲的那些。首先是人要开放。比如这篇文章，题目就是一个开放的问题：世界精神和民族精神统一。这篇文章最后讲到仅有全球意识和世界眼光还是不够的，整个地球是人类生存和发展的条件和背景，整个宇宙就不是人类生存和发展的条件和背景了吗？这很浪漫吗？看起来似乎很浪漫，实际是很现实的。仔细想一想，现在人类考虑到月球上、到火星上，不正是在超越地球吗？有的高校早几年就开了宇宙飞行课，有人说不能只讲“地球村”，还应该讲“宇宙乡”。教育理论应领先一步。比如对已经达到的教育目标，再提就没有教育意义了，要提更高一点的目标，这样人才能不断地发展。所以，教育目标永远都要略高于学生的身心发展水平，要有超前性，要培养全球意识。即使不跟国外打交道，也需要了解国际形势，这样人的认识才比较全面，思想才是开放的。比如现在提倡低碳生活，如果不了解这个思想，不了解它提出的全球背景和人类发展趋势，认为自己有钱就可以随意花，没有减少碳排放的意识，这就是落后的想法了。据我所知，我们香港的青年在 80 年代时节约水电，就是为了节约能源、节约地球资源，不是像现在很多人认为的节约水电是为了节约开支，减少经济负担。后者的想法的出发点是一家一户的角度，境界相对低一些。现代人应该具有更高的境界。

甘：我对这个体会蛮深的。比如，买东西时因为便宜，买了很多不需要的东西，就造成了浪费。

班：现代人应该过低碳生活、简单生活。我买了这本书（翻译过来的）:《简单生活就是享受》。如果开车去新街口的百货商场（南京的商业中心）购物的话，是自找麻烦：一是找不到地方停车，找到了也要走两三百米才能到商场，此外还要交停车费；二是耗费了汽油，还加剧了马路上的拥挤，造成了空气污染。但是现在马路上的汽车很多啊！我相信有一天，大家的观念进步了，这个状况会改变的。

庞：可是汽车制造是国家发展的重要行业，大家都不开车的话，中国制造产业也会下滑的呀。

班：这个思想就跟过去有人说不要提倡戒烟一样。因为烟草税收很高，可以给国家增加税收，这多好啊！我认为这是错的。假如不生产烟叶，这片土地生产其他的农产品，难道就不能创造财富吗？从国家的角度来讲，经济发展也需要远见，要可持续发展，资金不过多投入汽车生产，可以生产其他东西，可以开发新的生产领域。从消费者的角度来说，有些人买汽车、开汽车不是出于必需，而是在炫耀，这是一种落后的观念（人们逐渐会认识到）。人的精神境界、思想观念提高以后，就不会做这样的事了。

甘：老师，可不可以这样归纳，您讲的进步与落后的评判标准：有利于人类可持续发展的才是进步的？

班：对，我们不要再重复人家走过的路，不要犯别人犯过的错，西方也有一个小汽车高速发展的时期。对此，在《展望21世纪：汤因比和池田大作对话录》中，有一篇文章谈到以后要发展一种大客车，可以减少对地球资源的消耗，占路面少，还可以减少污染。

甘：我就觉得人和社会很奇怪：有些很有远见的想法早就提出来了，可是人还是要去犯错。这是为什么呢？

班：因为牵涉到利益问题。现在教育中的一些问题不是所有人都不知道，我相信大部分人都是知道的。比如现在教育评估中有人弄虚作假，这个大家都是知道的，甚至参与其中。但为什么会这样做呢？为了获得好成绩，因为如果评估拿到好成绩，学校就有了好声誉，就能招收到好学生，有更多的办学经费，这都是学校的利益。这跟小学生在考试中作弊是一样的思维。我们教育小孩子不能抄袭作弊，但教育本身也会因为一些利益犯跟小孩子同样的错误。

甘：在这种情况下，看多了这样的现实，有时候会很灰心。我自己常常就是这样，有的时候我觉得教育很重要，是件很神圣的事情，确实可以影响到很多人；但有的时候，在面对很多事情时，又会觉得很无力。

班：我能够理解。因为个人的力量是很有限的，所以我们能做的，首先是保持清醒的头脑，然后用我们的笔去写，用我们的嘴去说。现在教育上的“腐败”还有不少。“教育腐败”这个词最早是王长乐（班老师的一个博士生）提出来的，但他讲的腐败跟今天的腐败内涵不一样。他最早讲的是在学校里工作的人收礼、贪污，我现在讲的腐败是教育自身的腐败，如弄虚作假。这是一种反教育。

有时个人确实无能为力，但也不能完全无所作为。比如高校学生会的问题，有的学生为了进学生会，要搞好关系，进去了能获得种种好处。社会的腐败就来源于学生时代的腐败。所以做老师，一定要清楚怎样引导学生。

甘：老师，我有个问题一直想问您：在您几十年的教育经历中，曾经有过很美好的教育时代吗？

班：有，我认为我读书的时代就比较好。我是 1960 年大学毕业的。1960 年以前有很多不好的东西，但也有很多好的东西。比如说我的初中时代同学们都要求进步，互相帮助，学风很淳朴，我现在和初中同学还有联系。中师（相当于职业高中）时代也是很好的，老师和学生的关系很和谐、正派。中师时住校，班主任经常会在夜里去看大家，帮大家把被子盖好。我们中师同学现在每年还有两次聚会，相约大年初五要去班主任老师家拜年。今年（2011 年）因为大家年龄都大了，大年初五有时候天冷会下雪，路滑不安全，就改到 3 月 15 日。今年是班主任老师八十大寿，我们约好了 12 月 12 日中午 12 点到宾馆里给他过生日。下半年大家又会分头做东再聚一次。那时的师生感情没有一点杂念。当时学生也要参加社会实践，不是死读书。发大水时我们会到农村参加防汛劳动，农忙季节也会去农村帮忙。1954 年冬天下大雪，同学们一起去扫马路。那时我们是实实在在地做事，不是做给人看，不是因为上级的检查。那时大家做事都很真诚！

王：现在人做点好事，马上就要大肆报道。

班：报道也是好的，通过报道能给孩子鼓励。但现在有些家长不是教孩子踏踏实实工作、学习，而是教孩子要学会表现，做给人看，别人不知道就不要做，这就不好了。

甘：是的，这也是当前流行的一种社会价值观。

班：教育里的问题是很多的，但如果因为有这么多问题，就不做教育了，是不对的。我做了一辈子教育，对教育还是有兴趣。9 月份的时候，我到中山市的烟洲小学参观。烟洲小学是在传统书院的基础上建立的，是很好的小学，规模不大，保留着一些中国传统教育、传统文化的东西，很不错。看到南方有这样的教育，我还是非常开心的。

甘：我自己做教师，对教育的一个理解是：每个人都是一个小宇宙。要实现一种真正的、理想的教育是有困难的，需要一个过程，但努力去实现这个意图本身是会影响到学生的，学生是能感受到的。哪怕是刚才讲的教育评估中的问题，如果是不得不去做，也要引导学生去思考这个问题，要让他们去理解，应该怎样面对这个现实问题，要引导他们对现实有批判、反思的精神，在面对现实问题时保持自己的理想，去做力所能及的事，去慢慢地实现一些转变。

班：对的，首先要识别，不能回避，还要以积极的态度对待它。

甘：刚刚老师所讲的传达给我一个信息：作为老师，要批判性地、反思性地去行动和实践，不是找教育的问题，但要看到它、辨识它、慢慢地解决它。

班：现实的教育中也有很多积极的方面，有很多非常好的教师。《中国教育报》（2011 年 11 月 22 日第 3 版）上报道的一位高校教师，叫卫一欧（这个老师已经去世了，才 28 岁），她得了一种病，不适合上课，但她还是坚持上课。在文章的开头，她父母说“女儿是我敬爱的老师”。

甘：在学前教育领域，也有一些好的理念，如提出“要蹲下来看孩子”，和他们平视。孩子的世界和大人的世界是很不一样的。大人要蹲下来，去看看在孩子的世界里，他看到的是什么，这样才能更好地理解孩子，更好地跟他们交流。在同孩子的观察和互动中，大人真的可以学会很多东西。

孙：这些都是教育理论中倡导的现代教育观念。您认为教育研究的现代化也是教育现代化的一部分吗？

班：这是一致的，理论应该走在实践前面。理论本身是从实践中来的，基础是实践，但它高于实践。理论研究现代化可以说是它（教育现代化）的一个部分、一个特征。但理论和实践不一样，和经验也不一样，它要有高度。

孙：也就是理论对时代是有引领作用的？

班：是啊！这意味着时代在发展，理论研究更要往前走。理论研究发挥引领作用，研究要走在前面。这样的研究才有价值。我的学生刘守旗的博士论文选题是网络德育，开题的时候就受到质疑：“什么是网络德育？”“还有网络道德吗？”“是不是太脱离实际了？”因为这些质疑，刘守旗当时犹豫了。后来有一次我们去扬州一所学校（调研），发现那所学校的学生电脑用得很好，已经开始用电脑互相交流。我对刘守旗说，网络德育一点也不脱离实际。他坚持做了这个研究，论文被收入江苏教育出版社的“当代教育新理论丛书”出版，成为网络德育研究的先行者。所以说理论研究要有超前性，有个性。这些问题现在看来还是很有价值的。

孙：您怎么看科学的教育学和中国的教育学的说法？

班：好的教育本身就应该是科学的，但科学的不表示它没有（文化与民族）特色。思想理论、真理有普遍适用性，不表示没有特殊性。教育应该适应其所在的文化背景，既有特殊性，也有共同性。教育有其内在逻辑性，有科学的方面（如遵循儿童的心理发展、语言学习的最佳时期等规律），但讲教育也不得不考虑到中国特色。

孙：教育确实是很复杂的事情。

班：是的。有的学生家长认为小学老师的工作就是简单劳动，我不这样看。我一直认为，从某种意义上说，小学老师的工作是复杂劳动。比如说，航天飞船很复杂吧？那它还是人造的。人是教师教的，所以，怎么能说小学教师是最简单的工作呢？教育必须有智慧，教育劳动是最为复杂的工作。有人说教育学没有理论，我不太赞同，只能说可能理论水平不够，但是不能说没有理论。其实教育学吸收各门科学（的研究成果），这是教育学的特色。教育劳动是复杂的，它的效果往往不像医生的工作那样立竿见影，所以经常不易让人感受到。当然，有时候也要反思，在我们的手上是不是扼杀过很多的发明家、艺术家？教育是需要创造性、艺术性和独特性的。道德教育可以做得很美，让人很喜欢。

王：《对建设我国现代化教育学的几点想法》这篇文章中也提到教育学的中国化问题。从改革开放直到现在，我国向西方学习，甚至在许多方面以西方为标杆。在这个过程中出现了很多茫然及困惑。比如顾明远老师曾用一句话来概括我们学西方的态度，是“真经并未学到，反思也只是浅薄的”。您对要学西方，同时又要建设中国特色的教育学这个问题怎么看？

班：学习是多样化的。世界上没有两片完全相同的树叶，何况（教育活动）还不是树叶这么简单的问题。学西方并不等于全盘接受。比如，中国的教育学必须考虑到多民族的文化状况以及面向广大农民的（中国社会文化）背景。西方的背景和我们不一样，虽然他们也有农民，但农民问题没我们这么突出。

教育学的中国化问题就是要建构有中国特色的教育理论，许多基本理论的观点要有自己的特色。中国的教育学要研究中国的特殊教育问题。比如，中国的教育学要很好地面向农村（现在讲得太少了），也就是说，要照顾到大部分农民的孩子的发展。还有，中国是多民族国家，中国的教育学要考虑到各个民族的文化，还要考虑到整个中国或者说中华民族的整体文化的发展。如果说教育学有中国特色，我觉得这两个方面（面向农村、多民族文化背景）一定要考虑到。此外，我们有悠久的历史传统文化，特别是伦理道德传统，这也是中国教育学要认真对待的问题。

教育与个体幸福

庞：班老师，我的论文选题是学生的个体幸福，所以今天想向您请教关于教育与幸福的问题。

班：讲到学生个体幸福，可以有多方面的理解。第一种理解是作为一个学生，我的人生幸福（是什么）；第二种理解是，我在学生时代体验到的幸福。这个研究做得好的话，非常有现实意义。为什么呢？现在的中小学生在中国社会的人群中不是最幸福的，甚至出于各种原因，他们的童年幸福在一定程度上已经被剥夺了。前面说教育有很多好的方面，也有不好的方面。教育应该是幸福的生产过程，但也会生产很多不幸福。总结来讲，不好的教育会“折磨人”“摧残人”“误导人”。孩子受折磨，大人也跟着受折磨啊！作业太多导致学生放假也不能好好休息。有的作业他们感兴趣，有的他们根本就不感兴趣。这些教育现实让学生觉得学习很痛苦，又不得不学习。家长也跟着受折磨：老师规定家长要给孩子检查作业，要送孩子去补习班。还有小学生的书包很沉，从小就让孩子感受到教育的压力，甚至觉得教育是一种沉重的负担。

王：有的学生现在用的书包是拉杆箱式的！

班：这是家长和市场想出来的减轻体力上的负担的方法。精神上的负担不易被家长解决。体力上的负担相对容易解决，家长有三种方法解决：第一，可以开车或骑车送孩子去上学，孩子不用背书包，也不用走路；第二，汽车、电动车都没有的话，爷爷奶奶（当然也有爸爸妈妈）就替孩子背书包，陪着一起去学校，放学再接回来；第三，没有车接送也没有爷爷奶奶接的话，就搞个拉杆书包，也比背着轻松些。你如果站在小学门口，一放学就能看到一个个拉杆箱出来，如果不了解情况，还以为是哪里的少年旅行团哪！（笑语）有见识的人，像乌申斯基，提出“要解放儿童”，有的人直接提出“保卫童年”。所以，我觉得你这个题目应该讲讲学生时代的幸福。

庞：我的论文会写到学生当下的生活要幸福，同时学生要储备一些知识，为未来的……

班：为未来的生活幸福打基础！

庞：对，是的。

班：现在（学生的生活）不是为未来的幸福打基础，而是强调要活在当下，现在的想法就是“不能输在起跑线上”。学生应该有自己的幸福，但是，当很多人早上还在床上睡觉时，孩子们已经背着书包上学了。晚上很多人下班在欣赏电视节目了，孩子们可能还在教室上自习、写作业。现在看，中学生是最辛苦的一个群体。很多人觉得“996”就很辛苦了，中学生可能是“797”，晚上休息时间甚至更晚。

郭：你忽略了很重要的一条，现在是九年制义务教育，凡是到了学龄的孩子都可以去上学，也不要学费了，大家都有上学的机会了。这不是幸福吗?

班：你说得对，这是幸福的一个方面。

孙：这个（每个学生都有入学机会）是起点，起点是幸福的，都能上学了。然后在教育过程中，是有不同程度的压力过大、同学间过度竞争等不幸福的体验。

郭：报纸上报道过一个“虎妈”的事情。讲一个妈妈让孩子在课余时间上这个班、那个班，孩子忙个不停，不能休息。她告诉小孩的就是，不补习就考不上好的大学，考不上好的大学就找不到好工作，找不到好工作就只能拿一个月一两千块钱的工资，就等着过苦日子吧！所以非上补习班不可。还有某电视台宣传过一个“狼爸”，他上台前先在台后讲了一句话：“一天三顿打，孩子进北大。”他四个孩子，其中三个都进了北大，他认为都是打出来的。

班：现在讲的是社会科学，不是自然科学，不能拿一个例子来说明问题，需要有个系统调查。有报道也说，有一个 8 岁的孩子，能跟别人讲小说。他不是“狼爸”“虎妈”培养的，是放养的，父母随他自由选择学习。也不能用这个例子来说明放养的教育就绝对好。同样，也不能拿“狼爸”“虎妈”的个例来说明对小孩的教育都应该那样，这也是不行的。总之，孩子们的幸福是个值得关注的问题，我支持你去研究，但要注意切入的角度和立场的选择。

教学的情感性原则

贾：情感因素在学校教育中的运用越来越受重视，但是也存在着这样一种现象：老师们觉得自己够关心学生了，学生却不以为然，不觉得老师在关心他们。为什么会出现这样一种现象呢？教师在运用情感性原则的时候遇到了哪些阻力呢？我读了您写的关于教学的情感性原则的文章，但还是有这些问题想不清楚。您能谈谈教学中的情感问题吗？

班：你提的这个问题已经比较深入了。老师平时要和学生多沟通，进行情感上的沟通，这样学生就容易理解老师的很多做法。这些做法包括表扬和批评。学生在课堂教学中如果取得了进步，老师的表扬一定要具体，不能只停留在“张三、李四你们表现得不错”这种泛泛的口头表扬上。老师真心为学生高兴的时候，表情是不一样的，说话的语气也是不一样的，老师要把情感真正投注到学生身上。即使是批评，也要让学生感觉到老师是真心为了他好的。

讲个小学班主任的例子。我认识一个小学教师，他的学生在假期里回学校探望他。学生已经是初中或者高中生了。因为他们平时跟老师关系很好，来了以后跟老师都非常亲热。女孩子们跟老师拥抱在一起，说：“老师，我好想您。”男孩子们有的说：“老师，您再训我们一次吧！”这就说明这个老师在训学生的时候让学生觉得老师是为了他们的进步，即使在全班同学面前训他们，他们也会觉得老师是真正为他们着想，所以在挨训的时候，学生并不会感到很难过。这样的例子还是相当多的。并不是说训了学生以后，学生就觉得你不好，关键问题是老师投入的是什么样的感情，老师是否真正关心学生。老师在课堂上、学校里的一言一行、一举一动都很重要。

我自己也有亲身体会。我留校工作不久时，常去指导我的熊子容先生家中（所有年轻老师都有指导老师）汇报我的情况。他碰到不满意的地方，就会严肃地训我说："你这样子，以后怎么晋级？"所谓的晋级就是要从助教升讲师、副教授，再升教授。我是一直记得熊老师这句话的，因为他对我非常认真负责，是真正关心我的。对学生来讲，老师发自内心地希望学生进步就是最大的关心。关键是老师要通过沟通让学生感觉到这些。

王：老师要非常了解学生才可能做到吧？

班：老师要了解学生，学生也要了解老师。我自己还经历过一件事情，就是争取入党。有一次，我们的党总支书记陈岚专门把我叫到教育系党总支的办公室谈话。谈话的中心思想就是说，原来你那么积极要求入党，怎么现在没那么积极了，训了我一顿。她这次喊我去党总支办公室谈话，唯一的目的就是这个，唯一的方法就是训斥我（笑）。被训完后，回到自己办公室，我感到很高兴，因为从她的训斥中我感觉到组织上是真的关心我。老师跟学生的关系，其实很简单，一定要真诚。

贾：所以您在文章中说，在实施情感性原则的时候要把握住真诚这个关键原则。

班：我的文章开头讲了，在书里也讲了，应该把情感作为教育活动的背景。但是也不仅仅是背景，应该让师生之间感受到有"爱"。要培养好的情感品质，教学就要具有教育性，这是赫尔巴特讲的。除了道德教育、思想教育以外，培养好的情感品质也是教育性，甚至关注学生健康也是教育性。教育性包括了德、智、体、美等很多方面。不知道这么讲你们是否同意？（大家都点头表示同意）。

王：谈到教育中的情感投入问题，我想起了现实生活中的一些事例。虽然助人为乐一直是我们倡导的方向，但最近媒体也报道了数起"路人冷漠"的事件。很多情况下，我们是有道德意识的，在没有处于需要救人的情境中时，大家都懂得要助人为乐，但是真正遇到危急情境，可能就不会去救人了。是不是有什么东西阻碍了我们对于陌生人的情感投入？

班：这个问题超出了教学问题。以前提倡见义“勇”为，后来我们改为见义“智”为。为什么叫“智”为呢？“智”为并不是怕担责任（比如有老人摔倒，你去扶他，他会讹你），而是因为以前发生过“有人落水，不会水的路人也去‘勇’为，自己却被淹死了”这样的悲剧。

王：所以“智”为就是要根据自己的能力去救人。

班：是的。不要盲目地去救人。如果自己根本不能救人（或者你体力不够，或者你年龄很大，或者自己生病了救不了人），我们就该想其他办法去救人，比如我们去打电话求救，这也是一种救法。“不为”是不好的，是回避问题，完全回避是不对的。

国外很多社会调查采用情境实验的方法。就是制造出一种情境，看每个人在具体情境中的表现，也可以看到人的内在的思考。

贾：学校道德教育中存在着以问卷为主的评价方式单一的问题。问卷对智力因素考查的可靠性胜于对道德因素考查的可靠性，问卷很难评价学生的真实道德水平。

班：是的。学生在填写问卷时都知道同学之间应该团结友爱、互相帮助，但是当同学在现实中需要帮助时，学生会去帮吗？不一定。每个人都应该关心班集体，但是也有人会去做不关心班集体的事情。学生的道德状况要在实践中去考察。另外，现实中也会发生很多问卷里没有的事，或者说问卷中的内容总是有局限性的。我的文章中也提到过这样一个例子：有个男孩子非常能惹事，在和班里一个女孩子争吵的过程中，打了小女孩一巴掌，小女孩的脸都被打肿了。于是小女孩找到老师，要求男生向她道歉。后来老师发现这个男生在家里根本得不到父母的爱护，是一个非常需要关爱的孩子。老师把男孩子的情况告诉了这个女生，这个女生说：“我不要他给我道歉了，我觉得他比我还要可怜。”举这个具体事例是想说明，不能因为男生很值得同情就觉得她（小女孩要求道歉）不对，但可以看到这个女同学有爱心，很通情达理，主动放弃了自己的要求。生活很复杂，问卷问不出这么复杂的情况来。

素质教育

甘：老师，素质教育是教育领域的重要话题，从 20 世纪末一直延续到现在。您如何看待素质教育？

班：我是赞同素质教育的。素质教育刚被提出来时，有人质疑说："我们的教育不都是素质教育吗？"这实际上是对素质教育概念的不同理解。一般理解，素质具有内在性，跟外在表现不一样（当然也可能是因为其内在特征使其有相应的外在表现）。也有人认为，人掌握的知识越多，素质就越高，实际上素质和知识不完全一样。马克思所说的人的全面发展，就是素质教育。但并非所有人都这样理解！全面发展的重点是发展，不等于记住很多知识。

甘：只有知识积累，没有掌握相应的能力。

班：对。有的人知识掌握得并不是很多，但是（所学的知识）会促进他思考问题，使他有正确的思维方式，这就是素质得到发展了。也有的人掌握了很多知识，但就是个书架子（过去也有人这样讲），没有自己的想法。素质包括很多种，概括来说就是德、智、体、美。为什么包括"体"呢？因为"体"不仅指体力，还有关于身体的意识、观念，保健的方法。假如仅仅从健康来看（其实"体"不等于健康），我认为在当下，一个人最重要的是心态：积极、乐观的心态。这不是唯心主义。人一方面要吃饭、存活下去，这个问题现在已经解决了，或者说基本解决了，那后面怎么发展呢？就是靠好心态。所以从教育的角度来说，"体"不完全是健康问题，还涉及发展人的身体素质。身体的力量、体能、机能、运动速度、灵敏性，这些都需要通过体育（得到发展）。通过体育，还可以培养人的心理素质，比如体育精神，如顽强、自信、拼搏。当运动员和别人比赛时，有时会因为心理素质不够强而输给别人。最近有一个报道，讲一个外国的业余登山者登上了珠穆朗玛峰，她还登过另外两座非常高的山。她本身是做生意的，（生意）做得也非常好。这个人不仅身体素质好，这是真正的素质好。

甘：这样的报道我也看到过。有些富有的人和一般人理解的很不一样，（他们）不喜欢买车、买房，去奢侈地享受，而是会去冒险、去挑战，去做这些拓展自己内在精神、开阔视野、丰富体验的运动。

班：这就是人的素质，不仅仅是学了多少知识。虽然知识也属于人的素质，但是人的素质不应该如此简单，应该是在先天基础上有进一步的发展。素质教育正热时，我正好找丁祖荫老师，把我的《心育论》送给他。他说你这本书出得正是时候，心理素质是素质教育的重要内容。教育都可以是素质教育，但是我们要有自觉意识，要做自觉的教育者，有自己的指导思想。

教育的伦理性

孙：教育的自觉意识需要教师对教育和教学有一种敏感性。老师还有一篇文章专门讲教学与道德的关系——《让教学成为道德事业》，按照我的理解，实际上是主张让教育过程成为一个德育的过程。这是否意味着教育不仅仅是一种科学性的活动，还是一种伦理实践？

班：教育本身是一种精神劳动。精神劳动就包括智力、情感、价值观等，也包括道德，就是你讲的伦理活动。为什么魏书生能成功？首先因为他尊重学生，尊重就是一种道德关系。

孙：所以这种教育理念——教学是一种道德事业——包含了一种价值倾向？

班：对。比如说爱学生是师德的表现。爱学生表现在很多方面，比如对批改学生作业很负责，上课很认真，备课非常仔细，很希望学生学习好，这些都是教育伦理中的东西。我最近想出了个关系式：

教育成效 = 教育爱 L（Love）× 学科教学知识 K（Knowledge）× 教育理念 I（Idea）× 教育智慧 W（Wisdom）

就是说教育爱、学科知识、教育理念、教育智慧这些因素都是决定教育成效的因素。我把它们之间的关系表达成一个函数式，你们看看有没有什么毛病？这些因素之间用乘法而不是加法，说明它们是相互制约的关系。其中“教育爱”是师德的一个代表性因素（或一个集中表现），是师爱与母爱的融合。老师对学生的爱不是单纯情感性的，而是理性智慧的爱，是在正确教育理念指导下的爱。教师有教育智慧，有正确的教育思想、理念，又爱学生，就会创造各种各样好的教育方法、技术。所以这里面没有把方法、技术作为因素，但实际上要仔细分析的话，其中包含了这些东西。技术和方法是其他因素派生的。

孙：也就是方法、技术是理念、智慧、教育爱的下位概念，对吧？方法和技术是爱心、理念、智慧的具体表现形式。

班：对。方法是智慧的表现形式，也可以讲是理念的表现形式，也可以是爱的表现形式。

孙：所以像您刚才讲的，爱、知识、理念、智慧不是相互独立的因素，而是相互交叉的。比如说，科学的教育理念是尊重学生，而尊重学生这个教育理念包含着科学性和伦理性两种品质，所以它们表现为一种融合关系，而不是分开的、相互独立的关系？

班：是融合的，但每一个因素也是有相对独立性的，只是相对独立，实际上它是离不开其他因素的。对每一个教育行为，实际上都要这样理解。教育圈也有人学魏书生老师，但没有成功。为什么呢？有人是因为对学生了解不够，不能智慧地处理问题。这就是教育理念上有问题，不懂教育是一种精神劳动。

孙：那可不可以这样理解：在每一个教育现象的背后，都有一种教育的理念。为什么人家这样做有效果，我这样做没有效果呢？因为没掌握方法背后的理念、智慧和道德的东西，就不能达到这个效果。教育的效果是各个层次的因素叠加在一起而产生的。

班：各个层次相互作用，或者说共同起作用。从概念、理论上讲，似乎比较简单，但实际情况要复杂得多。我们试图拿这个（上面的公式）来概括一下。比如一个老师自己行为不好，在学生中威信很差，学生们不会感到他的爱是真诚的。真诚的爱是不用说的，是学生会体会到的。最近有个电视剧《叶落长安》，讲河南的一个女同志，50 块大洋被卖给陕西西安一个比她大 20 岁的（男）人。开始她不愿意，后来他们关系非常好。因为经济困难的时候，他们吃不饱，男的去拉车，女的也想办法赚钱，两人都为对方着想，共渡难关。非常感人！真诚的爱无法掩饰，如果老师真的爱学生的话，学生是能感受到的，就会非常愿意听老师的话。

孙：老师，我发现有这样一个错位：社会对教育的反思和期待，多是从道德方面提出来的，比如教育公正、体罚问题等，而教育场域中学校和老师反倒把升学率或者教育方法的有效性当作第一要务。为什么会这样呢？

班：对这个问题我这么想：这是教育的一种病态，所以会产生这种错位。教育病态的根源不在教育，而在社会。

我们是社会主义国家，是有中国特色的社会主义，还在建设的过程中。实际上还有一些封建的东西，比如“官本位”。现在“官本位”比过去少了吗？过去讲“学而优则仕”，现在几个公务员职务，有成千上万的大学生、研究生去考。一个原因是“官本位”的思想，还有封建等级观念，认为公务员高人一等，是“铁饭碗”，有优越感。

还有年年炒作高考“状元”。有一个非常滑稽的报道：某教育部门不主张炒作高考“状元”，认为这样不妥。还有很多编教参的人不是为了帮助学生学习好，而是为了赚钱，这也是很可笑的一种现象。

孙：这种问题里也有官僚主义。

班：对，有官僚主义，还有利益至上。一个是权，一个是钱，有了这两个东西，什么稀奇古怪的事情都可能发生。社会病导致教育病，要成才先要成人，这是德育问题。

我当时写那篇文章（《让教学成为道德事业》），因为教学本身就是教育的基本形式，道德教育也好，美育也好，体育也好，都要通过教学这种形式实现。但是现在讲道德教育，没有清除掉“运动式”思维，没有认识到教学是非常重要的、基本的道德教育形式。为什么讲是“运动式”呢？比如“阳光体育运动”，有关部门先是提出了这个口号，然后发文件要求每个学校必须做。南京算是教育发达的大城市，我家外孙女就在我家附近一个有名的、不算一流也算二流的好学校上学。“阳光体育运动”启动当天，我问外孙女：“你们今天有没有锻炼一小时啊？”她说：“什么锻炼一小时？”她根本不知道。媒体炒得热热闹闹的“阳光体育”，在南京这样教育发达的大城市，这样一个好学校的学生竟然都不知道。这就是搞“运动式”，是教育管理中的口号主义和形式主义。不踏踏实实搞工作，其实就是搞运动的做法和思维。

由于“运动式”思维作怪，所以大家对德育的实际效果不在意。我写这篇文章就是强调教学永远具有教育性，就是针对教育中的“运动式”思维。赫尔巴特特别讲到这个问题——教育的最终目的就是道德。一说搞教育、搞德育就开展个活动，有的还花钱找电视台来报道。（这）在学生中也造成一种影响：今天的活动是为电视台报道做的，不是为了自己提高，所以要注意表现。不搞活动的时候，该怎么样还怎么样。

这不仅仅是形式主义的问题，而且把孩子们都“教坏”了。比如学生不愿意做某件事，但是学校要计分（比如要求学生去雨花台扫墓，去扫墓就计多少分，不去就没有分），为了得到这个分，学生就去做了，实际上学生心里根本不在意这件事本身。这不是教小孩造假吗？这一类东西就是没有道德的，是“反教育”的。教学作为教育的基本形式，要重视本身的道德，不能搞那些“反教育”的东西。现在搞教育集团，为什么搞教育集团？我问了有关的人，回答是为了方便家长择校。但是这个问题没有得到解决呀！学校加入了某个有名的教育集团，在学校门口挂了个牌子，家长因为这个选择这所学校，但实际上学校里还是那些老师教课，教育本身没有变化。

王：教育本来要“教人学会做人”，现在这个“学会做人”被人曲解了。做个什么样的人？本来要做个真实的人，现在反而是教孩子做个油滑的人。

班：一个学生提出：如果我们都教学生做老实人、讲诚信，就无法适应社会。不能适应社会，怎么做人呢？这个就很麻烦，学校进行不进行诚信教育呢？这是个问题。

孙：中国教育现在还面临着一个“被抛弃”的问题：有些中上层人士，移民到其他国家，其中一个原因是为孩子选择一种教育。他们觉得孩子在中国学校受教育太苦了。

班：对，这也是教育病态带来的问题。

孙：中上层人士排斥自己国家的基础教育，认为这不是自己希望孩子接受的教育，移民去选择他们认为更为自由、人性化、公平的教育。中国的下层人士呢，比如说农民也在放弃教育，甚至把高考的机会都放弃了。那么现在的教育在给谁办呢？现在的教育适合什么样的阶层、多大一个群体呢？刚才谈到教育的科学性问题、伦理性问题，实际上，我们现在可能还需要反思教育的社会价值倾向。

班：前两天，有西藏的五位老师到内地来学习，到我家来谈了几个问题。藏族有许多人不想读书。他提出一个问题：为什么现在的学生不想读书？这和长期的生产方式、生活方式有关。如果我的生活就是放羊，我为什么要读书？我读书也是放羊，我文盲也能放羊。如果我的生活就是种青稞，什么时候播种、什么时候收获我都知道啊，这个不用去学校学，学校也不教这些东西。还有一个原因，我读了大学也没用，考了大学找工作也很难，那么读大学有什么用？

这是教育的信誉危机。概括讲就是“分数主义”“升学主义”“锦标主义”。不要认为“锦标主义”影响不大，其实它的影响表现在很多方面。高考“状元”炒作其实也是一种“锦标主义”的炒作。对参加各种竞赛的学生而言，他们希望得的名次合乎锦标的要求。高考更是激烈的竞赛，高考“状元”是夺得了一个大锦标。现在教育上搞很多竞赛，干吗搞那么多名目繁多的竞赛呢？因为一部分人能从中获利。这种获利的锦标主义，把学生们弄得非常苦，让学生成为他们获利的工具。

教育实际上变成了一种产业。家长不喜欢这样搞（所以教育被抛弃），国家也不希望这样搞，但是这个行业为了自己的利益要这样搞。学校为什么办集团？办集团究竟对谁有好处？家长得到好处了吗？名义上解决了学生能去某名校的分校，但实际上家长并不傻，分校与本部还是有区别的啊！但是他要个名气，非得说有好处就是有个名气。

这个对学区房有好处，一划到某个名校的分校校区，（周边的）房子马上就涨价了，对房地产有好处。可能还对某些集团的成员有好处。本来我是这个小学的校长，不起眼的，现在是某教育集团的董事长了，那就不一样了。

孙：这是教育为谁服务的问题！

贾：我们现在处于社会的转型期，好多问题估计要好多年以后才能改变。

写给中学教师的《中学教育学》

孙：老师，今天谈谈《中学教育学》[①]吧？据我所知，您的《中学教育学》是最早的专门为中学教师写的教材，而且影响非常广泛。这可以说是您的教育思想走向实践、影响实践的一个平台吧！

班：《中学教育学》正在修订呢，现在已经把修订稿给出版社了。

孙：修订版有什么大的变动吗？

班：这次把“以人为本”作为指导思想，也更强调实践。另外就是更突出了整体性的观点。比如讲教育的本质，要联系社会发展、人的发展来讲教育本质，就是把教育、社会、人作为一个整体系统来看，这是一个整体性、系统性的思维方式。还有就是要提高教育的自觉性，教师要做一个自觉教育者。自觉教育者的问题，在这版的不少章节中都有涉及，作为学习和思考的重点问题。

另外，对心理教育问题也进行了充实，融入各个方面。原先也有心理教育，比如教育目标和原则原来都作为专门一章，到最后提到心理教育。现在心理教育是作为贯穿全书的内容，作为一种指导思想吧。

孙：和南师的绿皮《教育学》相比的话，《中学教育学》是不是更注重实践？

班：《中学教育学》每一章后面都有思考题、研究和实践作业。比如说讲到教师问题，在思考题以外，要求学生到学校去做调查、了解教师，了解教师应该具备的素质，根据教师应该具备的素质设计一个表，衡量一下自己具备哪些方面的素质。注重联系实际、联系自己的成长。

---

① 班华主编的《中学教育学》，第一版由人民教育出版社 1992 年出版，第二版由人民教育出版社 2012 年出版，荣获第三届中国大学出版社图书奖优秀教材奖一等奖。

孙：联系教师的教育实践？

班：嗯，联系教师的，也包括自己（指学生）的，因为自己（指学生）是未来教师。教师的专业性、教师发展包括哪些方面，那么自己衡量一下自己的那些方面，这个实际上就是联系学生自己。

我强调学，教育的重点要从教转向学。这个想法从哪儿来的呢？有一本书名字是《20世纪世界教育史》，是澳大利亚一个学者康纳尔（W. F. Connell）写的。这本书开头一部分就讲了这个问题，由教转为学，我很认同，因此把这个思想贯穿进去。比如原来讲终身教育，我现在讲终身学习。在讲终身学习的过程中，我注意到自主学习和创造性学习。所以修订过程中把自主学习、创造性学习、终身学习都特别强调了一下。

贾：班老师，您提的“自觉的教育者”是个什么概念，是教育者教育角色的转变吗？

班：关于自觉的教育者，我是这样想的：在教育思想上一定要自觉，比如要主动思考教育是什么。作为中学教师，就要非常明确中学要培养什么样的人，而且对“要把学生培养成什么样的人”的回答是有理论依据的。就是必须要有理论上的自觉性。比如看到国家的教育目标中规定学生应该具有的素质，教师在思想上就要非常明确（为什么要这么做），行为也要明确。可以这么讲，教育活动，讲得夸张点，教育者的言行应该自（我）觉（悟）到可能对学生产生什么影响。不是简单地模仿，人家这样做，我们也这样做；而是要明白为什么，懂得这个道理，懂得自己的行为实际上是一种教育影响，把自己的言行变成一种自觉的教育影响。比如说一件非常小的事情：见到教室里掉了一张纸，老师自己要过去捡起来。为什么这么做呢？老师这样做的目的就是给学生做个榜样，对此有教育期待：学生以后看到地上的纸，也会像自己这样捡起来。还有上课的一些规程：起立、敬礼，课结束了也要起立，为什么要这样？课堂规范有哪些？为什么要有这些规范？教师要非常自觉地意识到这些规范的教育结果、教育价值在什么地方。教师的头脑要非常清醒，只有非常清醒，才会明白为什么一定要回敬学生，也才会自觉地回敬学生。这就是个自觉问题。

老师一定要回礼，有礼貌地回礼，即使学生不太在意。（其实）老师先讲又有什么关系呢？比如老师先讲“同学好”，也完全可以啊。实际上，师生关系应该是平等的关系。我讲自觉也包含这些内容：理论上要自觉，理论上要知道这样做的教育价值是培养学生的平等观念。教育基本原理要掌握，掌握了一定的教育哲学，所有的教育活动、教育行为都不是盲目的。

王：要学会对自己的行为进行思考？

贾：就是教师要在教学的过程中不断地成长！

班：教师自己也在不断成长。教师可以给学生很多好东西，包括教师的道德观、审美观，在这个过程中教师（自己）也在成长。为了教学生，教师首先要学。在教的过程中，教师也要向学生学。最近我跟一个成都的小学校长通信，信中我就称他为老师，因为我觉得他有很多地方值得我学习。我有个教育信念：老师不一定比学生高，在知识上、道德上，都不一定比学生高，老师和学生的区别在于社会角色上的区别。按要求讲，老师应该比学生的知识更多一点，品德上也应该发展得更成熟、更高一点，这是应然的要求。实然的情况呢？老师在某些地方学有专长，但在另外的方面，学生了解得更多。特别是现代社会，学习知识的渠道太多了，对不对？

主要是现代社会文化发展了，知识发展了，传播媒介多了，这些东西儿童更容易接受。比如说电脑，我就不如你们。你们这个是硕士、那个是博士，我什么“士”都不是。这个当然有历史原因，过去没这些（指博士、硕士），当然我就什么“士”也不是。另一个方面，我读的书不多，该读书的时候去参加各项（社会）运动去了。现在社会发展特别快，年轻人接受东西快，我就接受得慢。这个就涉及文化传承方式。不是讲文化传承有后喻文化、互喻文化、前喻文化吗？现在就是老一辈人向年轻人学习。从思想观念上讲也是这样，年轻人更开放，相对来讲思想更敏捷，更容易接受新东西。我自己意识到这一点，就要注意一点。比如现代的很多新思潮，可能有的人不了解，我也不了解，但是我要想办法了解一些。我不懂英语，这是个大缺陷。

孙：您说的言行、每一种教育活动的设计，本来对学生来说都是潜在课程。提高自觉性是不是意味着把潜在课程显性化，是不是有这样的意思？

班：包括这个意思，但不完全是这些。

孙：还有就是，教师教育的敏感性或理性程度要增加？

班：对，就是要增加教育中的理性成分。

孙：就是在明确的教育理念、思想或思路的指导下开展自己的活动。

班：就是很自觉地、很理智地去开展活动。比如有的家长爱自己的孩子，希望孩子学习好，希望孩子成才，可能是盲目的爱。从某种意义上讲，父母的爱可能是自发的、本能的爱，但不是理性的、自觉的爱。教育自觉就是指爱是有理智的。有的人现在溺爱，什么事妈妈都包办，导致孩子的能力就很差，缺乏独立生活能力。这就是不理智、不智慧的爱。这个想法在《中学教育学》的修订版中有所体现。

孙：现在都在讲“做反思型的教育者”，我觉得跟这个也是一致的，对吧？

班：对的，反思就要想，不要盲目。魏书生是语文教师，也做班主任。有一次上课的时候有个学生违规了，他就叫这个学生起来唱首歌给大家听，后面课进行得很顺利。后来有几个小学老师到我家来，讲他也学魏书生的办法，叫违规的学生起来唱歌，可是他就是不起来，等他好久，也没办法。类似的，有个中学教师也学魏书生，“我叫一个违规的学生给大家唱歌听，这个孩子非常痛快地站起来唱了，唱完以后他说：‘老师我还想唱一首行不行？’”为什么（他们）学魏书生没有达到预期的结果呢？他们只是在形式上、方法上模仿人家，缺乏一种教育自觉，没理解他背后的教育理念。

王：我看过魏书生老师的《班主任工作漫谈》，还有他的视频。他对每个学生用的方法都是建立在对学生足够了解的基础上的。有的学生本身就很害羞，让他站起来唱歌，会让学生很尴尬（效果不好），老师也会尴尬。

班：是啊，他很了解（学生），学魏书生就要学根本。首先是他尊重学生，学生违规了，他没有让学生站起来去讲台前罚站，因为这个（做法）有损学生自尊心。他（采取的）这种方式（唱歌）实际上是对学生的一种尊重。另外，还有班级文化氛围。如果这个班级从来就没有让学生展示过自己的才能，没有这种氛围，突然要求学生这样做也不行。我觉得就是这些原因导致这些老师这样做“不行”。学魏书生，要思考为什么他行，我不行呢？最根本的是要有好的教育理念，或者一种教育思想，（这是）核心的东西。有了这个东西以后，你必然会自己创造出好多好多教育的方法。按说魏书生的方法从可操作性来讲，是再可操作不过的了，很容易，人人都可以操作。但是教育本身不只是技术问题、方法问题，教育是人与人相互交流的活动过程，或者说是个精神活动的过程。精神活动的过程绝对不是机械的，不是生产零件，看人家是怎么生产，我在机器上也按一二三操作就可以生产出来。教育劳动是一种精神活动（认识到这一点，就是教育自觉的一种表现），精神活动和物质生产活动不是一回事。所以简单地学习方法、技术，我觉得不是根本，根本是去领会实质性的东西是什么。

第三章　我的德育观念

我对道德教育的理解

孙：实际上，我们前面聊到了教育本身的道德问题。

班：教育的道德和道德的教育。

孙：通常情况下，我们会把校园的设置、学校氛围甚至教师的言行当作道德教育的潜在课程。但是呢，也有一种说法，认为 moral education 本身就有两个含义：一个是**道德的教育**，一个是**道德教育**。老师是怎么看这个问题的?

班：道德教育实际上就是教育道德。这两个应该是一致的，如果不一致，那我们的道德教育目标就不可能达到。我觉得是这种关系。教育本身不道德，怎么培养有道德的人呢？不道德的教育活动（比如造假）只会把人变坏。这是一种“反教育”，比“不教育”还坏。陶行知先生早就提出过“生活教育”，生活本身有教育的含义、价值在里面。生活应该是道德的，（教育）生活不道德就不能培养出有道德的人。自觉的影响叫道德教育，不自觉的影响也是一种影响，是无意识产生的影响。

孙：那可不可以说显在的道德教育、潜在的道德教育？

班：这个当然可以说。有隐性教育，就是潜在课程。有显在的，就是有意识、有目的的教育，而且学生也意识到了。潜在的课程，一般来说（老师和学生）都意识不到。我认为，既称是教育，作为教育者来讲应该是意识到的，受教育者不一定意识到。

孙：潜在课程对于教育者和受教育者是不一样的？

班：可能一样，也可能不一样。就是说，在教育活动中，有的时候教育者不知道无形中给受教育者施加影响了，但这是在有意识的教育活动中产生的，所以是一种隐性教育，杜威叫它“附带教育”，或者“教育的附带结果”。还有一种就是有意识的，教育者有意识地设计一个（对学生而言的）潜在课程。学生不一定意识到要达到什么要求，但是学生经历了，就达到了教师预期的要求。德育，我觉得最根本的问题是实践的问题、践行的问题，是做的问题，而不是只靠说、靠认识。

孙：您的意思是说道德是在做的过程中习得的，还是说道德最终要表现为行为？

班：两个都行。不表现为行为的怎么能叫道德呢？是不是？应该是行为表现。而且从某种意义上说，道德教育的目的就是要让学生在行为上表现出来。如果学生在行为上表现不出来，停留在道德认知上，那教育就没有达到最终的目的。

孙：老师，这让我想起了古希腊“知识即美德”的说法。根据这个说法，好像是获得了道德知识就等于获得了道德本身。可是今天我们提出了知、行分离的问题。我认为这之间存在着知识概念的不一致，但是这个不一致在哪里呢？为什么在那时成立的命题，到今天就不成立了呢？

班：这个就看对知识怎么理解。说老实话，我理解不透。按我现在的理解，道德必须体现在行为上。

贾：要判断一个人的道德品质，应该看他的道德认识，还是看他的道德行为呢？

班：都看才全面啊！真正认识一个人是很难的。我很不赞成一件事，就是关于道德方面的征文比赛。文章可以写得很漂亮，但行为不一定对号啊！所以不能光看写作，还要看认识，也一定要联系行为。奇怪的现象很多。比如现在有很多的竞赛，评很多奖项。但是教育家、科学家是评奖评出来的吗？根本不是那回事。

贾：所以，我们生活在这个社会中，仅仅从道德行为来判断道德是不行的。

孙：比如有人讲道德意图、道德动机、道德行为之间可能存在着不一致性。就是我原本想做好事，结果好心办了坏事。如果因为我办了坏事就把我当坏人，有时候可能会冤枉好人。

班：你说的这个是动机、效果的问题。我们现在还讲最通俗的问题。比如，老师教学生作假，学生就作假了。学生不认为这件事不道德，他认为自己要听老师的话。如果学生经常生活在这样的环境中，他今后很可能去作假，或让别人作假。

孙：这是不是意味着道德教育可以不考虑“知”的层面，只看行动？

班：也不是。这不叫道德教育，实际就是行为训练，为了某个外在的目的。

孙：今天很强调活动、体验。为什么体验和活动的教育方式更容易让人习得某种道德呢？

班：因为道德本身有实践性。你刚讲的那句话，如果一个人没有道德动机，没有道德认识，就无所谓道德不道德，即使他做出符合道德的行为，我也不认为他是道德的。

孙：这个可以理解，如果没有道德动机，我们不认为可以对某个行为进行道德判断。如果一个人的动机和行为不一致，我们怎么评价呢？比如好心办坏事。

班：好心做坏事，不能说他不道德。好人做错事是有的嘛！

孙：我觉得这是个蛮有意思的问题啊！如果像刚才所说的，道德本身是一种行动，要通过行动的方式习得道德，那为什么行动的方式或者体验的方式更容易习得道德呢？

班：道德最重要的是要看行动，对不对？没有行动、光有情感那是空的，要培养道德，最重要的就是要实践。

孙：可不可以说道德知识是一种行动性知识呢？

班：不讲知识，我讲**道德认识**。道德认识就应该转化为道德行为。比如，我是个公务员，就应该为社会服务。

孙：那可不可以这样理解：学生在体验或者活动的过程当中获得了某种道德知识和道德情感，因而这种道德知识和情感与行动是融合在一起的，这是一种立体性的获得——在获得知识的同时获得情感和行动本身，所以行动的教育方式可能克服知行脱节的问题。而与此相对，讲授的道德教育方式因为只利于学生的认知，却没有更多的情感与行动投入，更容易导致知行脱节？

班：我不讲道德知识，讲一般的知识。一般知识有完全的知识、不完全的知识。可以这么分，毛泽东在《实践论》《改造我们的学习》里就有这个说法。仅仅读书本，获得的是不完全知识，所谓知识分子也仅仅是半个知识分子。比如，在黑板上种田就说明你是个农民了？会种田了？不会。所以，必须要有行为。比如“谁知盘中餐，粒粒皆辛苦”，这首诗可以从头背到尾，但是没有去种过田，所学的“粒粒皆辛苦”就是不完全知识。根本没从事过劳动，怎么体会到“粒粒皆辛苦”呢？这就是不完全知识。我在学生食堂吃饭时，不禁感慨，有三个女孩吃完走了，她们的剩饭剩菜再叫一个小伙子来吃也肯定吃得饱。这个（问题）怎么办呢？三天不给吃饭，然后下田去劳动一年半载，就体会到“谁知盘中餐，粒粒皆辛苦”了，就不会浪费了。女孩知道的就是不完全知识，这样的知识不会转化为行为。道德的教育更要强调它的行，对不对？

学科教学与道德教育的关系：渗透还是挖掘？

孙：老师，下面我们谈谈德育学中的具体观念问题。

在您的《让教学成为道德事业》这篇文章中，您考虑的是首先让教学这一教育的基本组织形式成为道德教育的基本形式。我们也见到其他说法，如“在各学科教学中渗透德育”，还有一种说法是“挖掘各学科教学中的道德教育资源”。您觉得这两种说法有什么不一样？或者哪种说法更合适些？

班：我觉得“渗透”一说不合适，在我的文章中也提到了。“渗透”就是教学本来没有道德教育因素，要从外面渗透进去。实际上任何理论知识都蕴含某种价值倾向，问题在于你是否能发现，所以用“挖掘”或“发现”比“渗透”要好一些，表明原本就有。

再补充一下，为什么要把教学当作道德事业来做呢？实际上，教学本身就是道德事业，只是很多年来，人们把教学当作智育，将其仅仅当作传授知识的形式。这是一种片面的认识或误解。这个误解是怎么产生的呢？如果你问凯洛夫，他也不认为教学就是传授知识，他也讲教学的教育性。凯洛夫的许多理论体系和理论阐述让人感到教学就是在传授知识。比如他非常强调教学要让学生掌握系统的知识，传授技能、熟练技巧，但是他的整个（教育学）体系中就没有智育这一章。所以过去我们的许多教育学教材章节设计就是这样：讲完教育的基本问题以后，就讲教学，下面有德育专章（名称不一定是这样，可能叫思想教育、思想政治教育等），然后是体育、美育、劳技教育，唯独没有智育。所以，很多人就不自觉地把教学当作智育，认为教学就是传授知识。实际上，教学是教育的基本组织形式，是“德、智、体、美”各育的基本组织形式。所以，教学本身也是德育的基本组织形式。

如果讲“渗透”，会造成一些错误的认识。我们国家一直非常重视思想政治教育。20 世纪 50 年代，就受到这种思想（指前面的“渗透”思想）的影响，要在教学中外加一些东西，好像这样才能在教学中贯彻思想政治教育。比如在地理课中讲到中国台湾（这是应该讲的，台湾是我们祖国领土不可分割的一部分），讲到台湾产蔗糖，老师就加个“政治尾巴”：“台湾是我们的美丽宝岛，我们一定要解放台湾！”实际上这是有些拙劣的。为什么要统一呢？因为台湾产糖。如果不产糖呢？台湾产糖和祖国统一是什么关系呢？实际上是把思想问题简单化了。为了在教学中加强思想政治教育，就“穿靴戴帽”。这就是“渗透思想教育”导致的问题。因为有这类问题，所以有必要强调一下：教学内容蕴含德育，教学本身就是德育的基本组织形式，也是美育等的组织形式，不用非得给教学“穿靴戴帽”，进行思想政治渗透。

孙：实际上这涉及知识观和教学观的问题，教学本身所承担的功能就包含道德教育，不需要额外加入东西。

班：额外加入的就是多余的！哪怕是自然科学的东西，也不必外加。早几年在乌鲁木齐参加一个全国科普教育会时，我做了一次专题发言，讲“科技教育和道德教育”，就是想说科技教育本身含有道德教育的因素，不用外加。想要学生正确认识世界，形成科学的、辩证唯物主义的世界观，必须有很多科学知识做基础，要通过科技教育进行。从科学史上可以知道许多大科学家（比如哥白尼）的研究成果，对学生树立辩证唯物主义世界观是非常重要的知识基础。人类是怎么产生的？是上帝造的吗？进化论的观点是：人是慢慢进化而来的。有了这样的生物学基础，才会有科学的唯物主义世界观。所以辩证唯物主义世界观的基础在于有系统的科学知识。

除了知识基础外，还得有智力因素，人的世界观、人生观等还有智力要求。智力也通过科技教育培养，道德观念教育也是如此。通过科技教育，树立正确的世界观，很多认识和看法就会更清楚。比如说研究人，要基于进化论，即人是慢慢演变、进化来的，然后发展成为社会性动物。人与人之间形成了社会关系，包括道德关系，进而思考应该有什么样的道德准则。所以，这一系列认识离不开对科学知识的掌握。读书明理也包含这个意思。一个人的科学知识掌握得好，有了辩证唯物主义的世界观，才易于建立正确的社会观、历史观，这对于他确立正确的道德观、价值观，对他处理好人与社会的关系、人与他人的关系、人与自我的关系都是有好处的，所以每个人都应该学习科学技术。当然，科学技术的学习，对专门研究自然科学的人和其他人的要求是不一样的。

人的全面发展，要求（学生）既要学习人文学科，也要学习自然科学。说到全面发展，用马克思的话来讲，是体力和脑力的全面和谐发展。再细化一下，脑力的教育包括德、智、美这三个方面。就像王国维说的，“完全的人”的教育包括心育和体育。王国维的心育大概相当于马克思说的脑力的教育。

孙：确实如您刚才说的。但是一线教师，比如说数学老师，他可能就很难认识到教学中具有一些道德资源。他们在数学教学中找寻道德资源时，会想到采取一些组织形式，如合作学习。他们认为让学生用合作学习的方式学习数学，就培养了学生的合作意识。实际上依然是在寻找数学知识之外的东西作为道德教育资源的落点，而没有意识到数学知识或科学知识本身就包含着道德教育因素。

班：实际上不需要渗透和外加，而是很自然的结合。比如数学，很早以前，我们国家的祖冲之发现了勾股定理，圆周率也计算到了小数点后第七位，无形当中就给学生一种教育。

孙：就是自然地融入祖国的数学文化和数学传统。

班：把迄今为止中国那些在历史上对数学发展做出过贡献的伟大人物呈现出来，对（培养）学生爱祖国、爱祖国文化，培养其民族自豪感有很好的价值。所以不用去刻意渗透，结合起来讲就可以了。数学教学还有一个好方法是通过应用题（进行道德教育），即在编写应用题时把一些好的内容穿插进去。这也是很好的结合，而不是盲目的、生硬的外加和渗透。我曾经在一篇文章里讲到物理学的一个公式：$E=mc^2$，E 代表完全释放出来的能量，m 代表质量，c 代表光速。这个公式本身就说明世界上的要素间绝对不是简单相加的关系。教育与人的关系、与社会的关系等等也绝对不是几个因素简单相加，像爱因斯坦、牛顿的公式都表明了因素间不是相加的关系。

孙：数学、物理知识本身蕴含一种道理或是对一种关系的看法。这些看法跟人和社会中的道理是相通的。只是在小学教学中，老师不一定能这样理解，这样讲给学生。

班：小学可以用另外的方式来讲。我刚讲这个例子是想说，关系是多样的，有的也不完全是相乘，比如刚说的公式 $E=mc^2$，这里面不仅有乘积关系，还有指数的关系。世界是很复杂的，最近一些年不是谈“复杂科学”吗？客观世界中很多东西之间的关系是很微妙的，有的不是加减乘除，而是指数的关系。这说明我们要有科学的世界观、辩证唯物主义的世界观，要有复杂思维。而这些自然科学的公式就是表达世界要素间的多样关系的。这很能说明问题。

孙：比如在细胞裂变的过程中，细胞数量就是以指数形式增加的。也就是说，所有数学、物理学、生物学，甚至医学等科学知识，实际上是在解释世界上万事万物间存在的关系，知识中都包含着世界观。

班：是的。比如说化学，它研究物质的质变，说明世界的变化不仅有量的变化，还有质的变化。氢和氧结合起来可以变成水，而水既不是氢气，也不是氧气，也不是氧气加氢气，而是氢和氧以一定方式结合生成的新的物质。

孙：就是系统论所说的，整体不等于部分之和?

班：水不等于氢气、氧气之和，也不一定等于二者的乘积。水的分子式是 H_2O，它不等于 H_2 乘以 O，它是化合物。世界上的许多东西不是能简单说清楚的，所以要学习，学习科技知识。这对于形成科学的世界观、辩证唯物主义的世界观是非常重要的。（这）是形成科学世界观的知识和智力基础。

孙：刚才老师所说的是科学哲学的知识层次，即如何通过科学本身去理解世界，或科学本身蕴含着一种什么样的哲学观。但是，在中小学里，科学课达不到哲学的高度，一个（原因）就是老师本身不能从哲学的高度理解他所教的知识，所以他的课堂就不会达到我们刚说的知识的哲学层次。

班：这就是我们所说的要“做自觉的教育者”。要真正做自觉的教育者，就要想办法把知识上升到哲学的高度。

孙：就是挖掘知识背后的深层次的世界观和价值观。

班：里面有很多东西帮助我们理解世界。比如借助水的构成讲两种物质结合后变成第三种物质，这就是质变，很简单的嘛！但是没有哲学的知识，仅有化学的知识，提不到这个高度。

孙：或者说，只是在化学学科层面来理解化学知识，没有在化学哲学的层面来理解。

班：对啊，要提到这个高度。比如说生命教育，低层次的关注生命健康，稍微高点层次的关心生活得愉快，这是关心生命的体验层次了。但是最高的层次，我认为是生命哲学。生命哲学实际上要讲生命的价值和意义，这是其中最重要的。人为什么活着？活着的价值是什么？这不也是人们所追求的吗？所有的生命都应该是平等的。我对生命层次的理解是：①生理上的（自然的）；②心理上的；③社会的；④哲学层次的（精神层次），这是最高的。生命本身是比较宽广的，这是我目前的认识达到的高度。人的生命既是自然生命又是精神生命，但归根到底是精神生命，核心是精神生命。

生命是怎么来的呢？人和动物、植物的生命有什么不同呢？生命的价值和意义到底是什么？生命和生命之间应该是怎样的关系？这些都是生命哲学应该研究的问题。以前流行人类中心主义，现在提倡所有生命都应该受到尊重，都有生命权，这也可以看成生命哲学的课题。这些问题目前也还有很多令人难以想清楚的困惑。比如，我自己就有个困惑，也可能是很多人在日常生活中都会遇到的困惑，就是吃鸽子。我基本上没有买过（鸽子吃），觉得很残忍。后来买的时候就有一个想法安慰自己——自己不买，别人也会买，但还是会觉得残忍。有一次我在电视上看到成群的狗被装在车上，等待运往一个地方宰杀。许多动物保护者反对，说狗是人类的好朋友，对人类很忠诚，不应该成为饭桌上的食物。这是有道理的。但是我就在想，牛也是人类的朋友啊！帮人们耕田辛苦一辈子，末了还把它杀了吃，真是残忍。但是，如果这样推下去，我什么都不能吃：蔬菜也是有生命的，也不能吃啊！究竟这个问题该怎么理解，需要一个非常充分的理由作为答案。当然已经有很多种答案。其中一个说法是为了生态平衡，饲养牲畜就是为了吃；第二种说法是上帝造老鼠就是为了让猫吃的，弱肉强食就是自然规律；还有的说吃它是为了让它更好地繁殖，不吃反而会造成麻烦。但是我觉得这些都不能让我很信服。

孙：这是生命意义解释系统，道德教育其实就是进行意义解释或价值赋予，然后将一个意义系统传递给下一代。这是生命意义系统的生产。

班：法国有个人发明了一种药丸，把它放在水里给鱼吃，让鱼慢慢昏迷死亡，说这样是为了减少鱼的痛苦。我觉得也是矛盾的，减少痛苦还不是把它弄死吃掉吗？

孙：实际上是减少人的道德负罪感。

班：你说减少道德负罪感，那吃鱼的人就不道德吗？

孙：看站在哪个立场上来说。如果一个人相信上帝，上帝说你可以吃，我造鱼就是为了让你吃的，那他按上帝的意思去做，他就没有负罪感；从生理科学的角度讲，吃鱼与人的健康有关系，吃鱼肉有利于健康；还有一种民间信仰，说动物是人前世做了什么坏事，来做牛做马报答人的，吃了它就是促进它进入新的轮回；达尔文主义秉承弱肉强食的原则。这些都是人类找到的认为合理的理由。

班：我至今找不出个能让我信服的理由。宗教的、上帝的那些理由我是不相信的，而科学主义的理由也不能说服我。既然所有生命都是平等的，那就不应该吃它。现在也有许多动物保护主义者、环保主义者有很多设想。我看到一则公益广告，告诫人们不要购买皮草，说“没有买卖，就没有杀害”，我觉得有道理。这个坐垫是郭老师同学送的一整块羊皮毛，这个又该怎么办呢？我就感到困惑。

孙：老师，您觉不觉得，不管是哪种解释，都是在寻找一种……

班：寻找一种合理的答案。

孙：这个答案是为了人们自己的内心安宁，减轻自己的道德负罪感，让自己相信我这样做是好的，而不是坏的。

班：所以杜威的说法是，有用即真理。只要能解释得通就是真理。但是我不同意杜威的说法。

孙：老师，我们好像谈到了另一个问题：真理与价值的关系。科学主义盛行后，一般认为自然科学中的知识是关于事情原本是怎么样的，是事实性的，所以认为自然科学领域存在真理。但在价值领域，现在不说存在真理，而更倾向于说存在普遍价值。在您看来，真理这个概念是否适用于价值领域呢？像您刚才说的杜威这句话：有用的就是真理。那么他是指价值领域而言呢，还是指科学领域而言呢？

班：这个问题我没有了解得很全面，我只知道杜威有这种观点，但我不赞成这种观点。真理是认识论范畴的概念，我认为在自然科学中有真理问题，在社会科学中也有。比如说马克思关于剩余价值的理论，你能说这不是真理吗？

孙：也许有人（比如，有的资本家）认为不是啊！

班：他认为不认为是另外一回事。是不是真理要看它是不是反映了客观现实，而不在于你认为（它是不是）。

孙：社会生活中原本不存在客观现实啊！

班：社会生活中一定存在客观现实，怎么会没有客观现实呢？比如说太平天国进驻南京，这不是事实吗？

孙：这是事实，但不是客观事实。

班：那是主观的？

孙：是人为的。

班：你把这两个问题弄混淆了。人为的和客观的是两码事。比如说我有我的心理，你有你的心理，心理是不是人为的？那心理是不是客观存在？（因为）它是人为的，就说它不是客观存在的，而是主观的，不能这样讲。

孙：人有心理，这是一个事实，这是一个生理现象或者……

班：生理现象、社会现象、自然现象，都可以讲。

孙：但每个人的心理是不同的，所以心理状况一定是个主观的东西。

班：对，它是有主观性的，但是作为一个事物，它的存在是客观的。

孙：就是说主观世界是客观存在的。

班：主观世界本身也是一种客观存在，所以不可能没有真理。有许多东西，比如说教育，教育是有规律的，要按照教育规律运行。如果按你的说法，教育就没有规律了。你认为这样，我认为那样，那还有什么规律呢？

有两个问题要分清楚，教育活动是有意识地运行的，但这和它本身也具有客观规律是两码事。如果主观世界是反映客观规律的，那么教育就会达到预期的效果；如果主观世界没有反映客观规律，那么它依赖主观世界运作就不能达到预期效果。这就是它的规律。比如说，“这么大的孩子教识字效果最好”这件事，我认识到这点，是我的主观世界；确实是这么大年龄识字最好，这是客观的（规律）。所以教育的规律依赖于人的主观世界，同时它又有自身的客观性。这是一个说法。还有一个说法，我用列宁曾经说过的话来理解：教育规律依赖于有意识的人的活动，但是它不依赖于活动着的人的意识。

孙：好，清楚了。那么下一个问题是：在自然科学里存在真理，在社会科学中也存在真理，而且真理都具有客观性，那么这两个领域中的真理，有什么区别吗？

班：一个依赖于人的活动，另一个不依赖于人的活动。

孙：就是说一个自在于人之外；一个依赖于人，与人的行为有关系。

班：比如说剩余价值问题，那就是依赖于资本家和工人之间的活动。这个本身是客观的啊。

孙：那么这个依赖怎么解释呢？

班：没有人就没有这个活动，没有人的活动就没有这件事。比如说教育依赖于人，没有人还有什么教育呢？比如这里办了一所学校，我在这儿上课，这是人的活动啊！

孙：在这个意义上，我可不可以说自然界的真理依赖于物质？

班：对啊，它就是依赖于物质。规律都是讲物质的运动规律。没有物质，讲的是什么规律呢？（如果说）不是物质规律，是精神的、心理的（的规律）。而精神、心理的基础是物质。所以说物质第一性嘛，这是唯物主义。

孙：或者说它（规律）依赖于一个载体得以体现，是吧？自然界以物质为载体，而社会领域以人为载体。

班：以人为载体。也可以说有物质载体和精神载体，不一定都是依赖于有生命的东西。地球围绕太阳转，即使地球上没有生物，它还是这个样子，它不依赖于生物，不依赖于人的意志。

孙：所以，在您看来，规律是客观存在的。而且这个规律就像老子所说的“道”，是世界秩序，不管有没有人，世界都是这个样子，它是客观自在的。而人的认识可以反映规律，也可能会与客观规律不一致。

班：符合客观规律就是真理。

孙：还有一个问题：秩序本身是真理，还是我们（人）的认识符合了秩序才是真理？

班：秩序本身客观存在，无所谓真理不真理。真理是相对你的认识正确与否来说的。

孙：那可不可以说秩序是真，而我们的认识是真理，就是我们反映的是真的那个理性。

班：秩序就是客观存在的，它本身无所谓真假。秩序、规律是客观存在的。我不用真假来说它，而是说它是不是客观存在的。所谓“道”就是它本身的规律。我们认识了“道”，符合它的规律、秩序，这种认识就是真理；如果你没认识“道”，甚至错误地（认识），那（这种认识）就不是真理，甚至是谬误。社会发展同样有这个问题，所以说社会也有它的规律。

孙：而且您认为这种（社会）规律也是客观的？

班：（社会）规律是客观的，它依赖于人的活动，或者说依赖于有意识的人的活动。但是（社会）规律本身不依赖于人的意识，只要你这样做，它必然会出现，即使我们不想让它发生，也是不可能的，它不以人的意志为转移。比如说炒股，你总希望盈利，但是这不符合规律。你把握得好，才会盈利；把握不好，就会赔钱。

孙：那么按照刚才所说的，知识本身有它的价值观、世界观，或者说哲学意义。我们认为任何知识都有这样一种特质，关键在于我们能不能让教学达到这种水平。

班：是的，是能否达到意义和价值水平的教学（的问题）。

孙：现在的教学很多仅仅停留在知识的教授上，（只是）一种认知性的教学，而不是一种哲学层次（的教学），所以对人的世界观、价值观不产生直接的影响（可能间接影响还没有被意识到）。

班：不说直接或间接，用显性和隐性，用自觉和无意识来讲。

孙：有的教学是自觉地将知识教学和价值观结合，有的没意识到。但是没被意识到的这种教学，哪怕仅仅把它当作一种认知，它仍然会对学生产生隐性的价值观的影响。

班：对，或者在某个时刻他（学生）自己悟到，发现了。

孙：可不可以说，挖掘教学本身的德育因素（这个问题）分三个层次：

第一个层次就是像您刚才说的勉强地加入些好像是道德教育的东西，像刚才讲的“因为台湾产糖，所以我们要解放台湾”这种狗尾续貂的做法，这是比较差的。但是它也产生某种联系，牵强地赋予它一些思想道德的意义。

第二个层次是在文化意义上的，比如说在讲数学的时候，讲到圆周率，讲到勾股定理，可以联系到中国的数学文化，从知识本身的文化意义上来讲，它是有一种道德意义的。

第三个层次，就像我们刚才所讲的，所有知识本身都是有哲学意义的，包含着一定的世界观和价值观。教师的教学只有挖掘出来这种哲学意义，自觉地对学生进行哲学、世界观的教育，才是真正地把教学当作道德事业，让教学这个主阵地发挥道德教育的功能。这是一个更高的层次。

班：可以这么说。但是文化和哲学的界限不是那么清楚。

孙：像刚才所说的，哲学意义主要是指思维方式，对世界观和价值观的认识。而在文化意义上，比如说对民族的文化认同、了解，还有文化自尊、自信心等，尤其是最后一点，是需要特别强调的。比如说这次课程改革中特别强调文化，但很少会讲到科学哲学，很多人认为中小学生听不懂。

班：其实如果能深入浅出地（讲）就能听懂。

孙：首先老师要有这种认识，只是很多老师还认识不到。

班：所以说要当自觉的教育者，并不是说你懂得一些理论就是自觉的教育者。自觉的教育者就要求对教学活动本身有高层次的认识，有哲学层次的认识，而且能够把这些东西贯穿到教学当中去。（做）自觉的教育者，一方面是他（教师）要了解教育哲学，一方面是教师的言行、教学行为都是在哲学思想指导下发生的，不是盲目的行为。所以说，真正要做自觉的教育者，要求还是相当高的。

孙：是的，对教师的素质要求是很高的。通常说教师要有道德素质，要有学科专业知识，要有教学技能。教给孩子一杯水，教师本身要有一桶水，这只是量上的要求，而不是质上的要求。其实不仅要追求量多，也要追求质高，追求深度。

班：对的，它不完全是量的问题，核心是质的不同。现在讲教师专业化，师德就是核心素质之一。师德有个重要的成分就是“爱”。教师要爱教育事业，爱自己的教育对象。“爱”是师德当中核心的东西。教师有了这种思想，有了这样的一种境界，就会有很多很好的、创新性的教育措施出来。在我的《“以生命为本”的教育诗篇——学习锦西外国语实验小学生命教育的思考》这篇文章中，就讲到李其玉校长的创造性的生命关怀。她在学校大门外沿墙边装上固定的木板凳，让接送孩子的家长能够休息。这不是技术问题（一般的木匠都会做，成本也很低），但很多人想不出来。她之所以能想出来，是因为她心中有人。为什么说她创新？因为别的地方没有啊！如果从校园文化的角度来说，这是校园文化最亮丽的一道风景。我认为它是最美的、最人性化的。如果说这椅子木头很旧、很粗糙，这是看表面的东西，要看到内在的东西。人性化，心中有人，这就是美。

孙：既然真理是认识论范畴，也就是说在自然科学中也是有主观性的认识，那么这种认识当中也有价值观的成分，意味着自然科学的真理也是有主观性和价值观倾向的？

班：对的。自然科学一般不讲价值观倾向，但实际上它包含价值观倾向，这和真理并不矛盾。真正以科学的态度追求真理，跟价值观不矛盾。除非个人立场不同。比如资本家和工人，资本家剥削工人创造的剩余价值，承认这是真理，也就是承认这种价值观。如果资本家太过分，工人就会反抗。这是正当的，有道德的正义性。

孙：那么自然科学呢？

班：自然科学，如果是符合实际的，是真的，也一定是对人有益的。但是有些自然科学不讲价值观倾向，这可能也是它跟社会科学的区别。不能说自然界的所有发展都是对人的发展、对社会的发展有好处的。

孙：当然不是。

班：既然不是，就不能说它的价值一定是有利于人的。

孙：但是这些问题包含着价值观的倾向在里面，不一定说它是为了人好，而是说其中可以生出人的价值判断，分辨出哪些是好、哪些是坏。

班：对，它能生成人的价值判断，帮助我们思考用什么办法让它朝有利于人的发展方向来发展它，防止它对人可能造成的危害。比如现在特别强调环境保护，这其实是自然界的问题，为什么要保护环境呢？就是为了人类生存得更好。某些自然灾害不可避免，我们要想办法来减少它的危害。比如说地震，对人民生命财产安全会有危害，我们就要研究自然科学，如何防震，如何避免。又比如说一些大规模的水利工程，如果它们对自然造成了巨大的破坏，那就是人们对自然规律认识不足，认识不足就要受到自然的惩罚。

写给初中生的品德教材：人教版《思想品德》（2003—2016年）[①]

孙：现在初中用的《思想品德》教材还是班老师主编的人民教育出版社的版本。编写基础教育阶段的教材是老师对中国德育非常重要的贡献。如果说老师原来的思考更多是针对道德教育理论研究方面的——当然老师的思考是非常接地气的，理论思考也一直有着浓郁的实践气质——那么编写初中思想品德教材，实际上是老师直接地对中国广大青少年思想品德成长发挥实质性影响的一项工作，是老师在基础教育领域的一个巨大贡献。

班：谈不上贡献。

孙：一个人的思想，可能表现为发表的论文、著作，对研究产生很大的影响。老师的思想不只表现为文章和著作，还转化为教育实践。编写教材就是将思想转化为教育实践的一座桥梁。在我眼里，班老师和许多大学老师不一样，您跟实践的联系是非常紧密的。老师在“八五”时期就开始跟一线中小学合作开展课题研究，现在到“十二五”了，已经跟中小学合作了20多年了，是吧？

---

① 2002—2003年，班华老师主编了初中阶段的《思想品德》教材，该教材由人民教育出版社出版，于2003—2016年在全国一半以上的地区使用。

班：是的，从 20 世纪 90 年代初开始。

孙：坚持 20 多年很少见。听说您一直跟一线的老师关系非常亲近，到现在还有一线的教师称师母为“妈妈”。老师特别关注实践生活，有时候可以发现老师的一些思想是从实践当中“生长”出来的，不完全是从哲学或其他领域的思想推演出来的。而且老师有深入实践中去的一种力量。比如为中学生和中学教师编写教材，把对德育的所思所想落实在教材中，就不是纸上谈兵了，而是改变中学生的课堂，实现对中国德育改革实践的推进。专家参与中小学教材编写，在中国教育史上也有过一段高潮，但之后很长时间就没有了。老师能不能给我们讲讲您为初中生编写教材的故事？

班：过去到底怎么样，我也不是特别熟悉，特别是民国时期到底怎么样，也不好一下子讲清楚，但要进步就肯定要借鉴以前的一些做法。人教社这个教材的编写背景是“一纲多本”①，当时有几家出版社都同时在编写初中阶段的思想品德教材。人教社是其中很重要的一家。人教社本来就是做教材的，从其成立之日起就一直做教材。人教社一些做教材的老专家是很有名的。我在中师读书的时候学的教育学、心理学教材都是人教社出版的。

易（森林）：就像班老师讲的，中师的教材一直都是（人教社出版的）。一直到 20 世纪末中等师范教育完成历史使命前，教育学的教材都是人教社出版的。

班：所以它是资格很老的教材出版社，它有一个课程教材研究所，进行课程与教材的研究，创办了《课程 · 教材 · 教法》杂志。做教材的有位老先生叫陈侠，我非常熟悉的，是你们可能知道的吕达的

---

① “一纲多本”是在 1985 年被提出的。1985 年《中共中央关于教育体制改革的决定》指出，由于我国幅员辽阔，经济文化发展很不平衡，义务教育的内容应该因地制宜，有所不同。为此，中小学教材建设开始实行“一纲多本”的政策。

老师。陈侠先生做教材是老资格，很有经验。我们编（人教版《思想品德》）教材的时候，还是非常认真的。而且那个时候（2003 年春）赶上 SARS（传染性非典型肺炎）流行，不好集中开会（当时出于控制疫情的需要，国家发起了不准举行大型集会的倡议）。我们就采取一个办法：你把你的教材稿子用电脑发给我看，我再返回意见。这样弄了一阵子，后来疫情缓和，时间紧迫，就集中力量住在江苏教育学院（现在更名为江苏第二师范学院）的宾馆里，条件一般。

但江苏教育学院离我们这儿很近，编教材有这个环境就足够了。后来大概 20 天，吃住都在那里，大家日日夜夜一心一意地编教材，即时讨论和修改。这个教材，应该讲还是编得比较好的。得到好评这个事，原来我不知道。后面的教材培训，我也没有接到出版社的邀请。有一次，我们的一个作者叫许冬红（她后来被调到建邺区教研室，因为她参与了教材编写工作），她请我去讲一讲这个教材的编写思路，这是我做的唯一一次教材培训。当时做初中思想品德教材的大概有 9 家出版社，每一家出版社的教材都有一定的销路。在全国范围内，60% 以上地区用人教社的教材，也就是我们编的这套教材。反响还是不错的。

我们国家有 13 亿人口——实际上早超过这个数字了，是人口大国。而且农村、城市差异也很大，我们国家幅员辽阔，东南西北各个地方的经济文化也不一样，特别是我们有 56 个民族，各个民族都有自己的文化。考虑到这些差异和多元性，我觉得“一纲一本”从适应不同地区、不同人群的需求的角度讲，挑战很大。

像前一段时间，我接触了西藏的五六个学员，实际上他们是西藏的老师，在南京的一所学校进修。按他们的说法，西藏目前的教育，感觉是跟多年前这边的农村教育差不多。有的小孩还不去上学，上到小学就了不得了。我们现在不仅要上到高中，还要上到大学，为了上大学，还要想办法择校。这个文化背景不一样，生活水平不一样，对教育和教材的要求也就不一样。

一定要“一纲一本”，国家有国家的考虑。我这样想，这个对做教材提出了什么新的要求呢？那就是教材本身要有开放性，不能把话说死，要特别注意这个问题，这样才能让教材增加它的适应性。当然教材本来也是要开放的，考虑到“一纲一本”这个情况，就要更加注意这个问题。现在有些学校做校本教材，实际上在更早以前，有些地区也根据自己的区域特色编写了自己的乡土教材。乡土教材就是要照顾本地的特点。那么，如果“一纲一本”可以与乡土教材、校本教材结合起来用，就可以弥补“一本”的多元适应性问题。也就是全国统编教材就讲普遍的问题，但具体到实际的例子，允许或要求老师以地方或校本教材上的内容作为补充和扩展，这样学生学起来就会觉得亲切，当然全国的地区的例子也可以讲，这样也扩大学生的视野。

孙：就像我们常说的留白课程。所谓教材的开放性，是否也面临一个实践中的可行性问题？教材编写时强调，如果教材上的范例不适合当地学生的情况，老师可以用当地的材料来补充这个教材，或对教材进行再创作。但是在现实过程中，越是需要对教材进行二次创作或补充的地区，比如说农村、边远地区，往往越是受限于师资水平，不太可能对教材进行很好的二次创作。

易：这的确是很难做到的。

孙：比如像班老师讲的自觉的教育者。他发现了教材不适用的这个情况，能够主动收集适合这个地方的情况，从地方文化、道德价值观等各个角度收集材料。这既要求他有较高的能力水平，也要求他有方便的资源，比如图书馆、资料室，包括网络，要有相关的支持才可能实现。本来是一本很生活化的教材，也预留了二次创作的可能性，但受限于教师的自觉性、能力水平、可用的支持性的资源和条件，当地教师不太可能做好这样的事情。我觉得这也是很重要的一个问题。

班：这是个问题。那这个问题怎么解决呢？你刚刚讲的这个矛盾，我认为是存在的。比如说农村教师要自己编校本教材，他可能没有这个能力（因为一般越是农村地区，师资水平相对也越低），也没有这个积极性。还有一个问题是，该补充什么？对农村的学生来讲，是补充农村的东西呢，还是有些城市的东西也要跟孩子讲？比如讲交通规则，农村有农村的交通规则和信号，包括手势；在城市背景下的交通规则比较复杂，更多针对机动车。因为城市的机动车多，交通比较复杂、繁忙。这些适用于城市的交通规则，农村孩子也应该知道。因为他长大后也许要到城市来工作和生活，如果不懂这些交通规则，就容易造成一些矛盾！所以有些时候也要让农村孩子了解城市的交通规则，但首先要让他能够熟悉他所生活的环境中的规则。同样，对城市孩子，也可以让他了解农村生活中的交通规则，因为他可能也有到农村去的机会。

孙：就是让农村孩子在能够把他的农村生活过好的同时，去了解城市生活。

班：城市里的人也要了解农村。特别是现在的城里孩子不知道农民的辛苦、农民劳动的艰难。如果让他多知道一点，也好。城市和农村这两方面可以互补一下。农村师资水平低，无法编出好的教材，这是个现实问题，即使城市的老师，要他编写一本好的教材，也是有难度的。教材编写还是要有相关理论、理念支持的，不是把一些学习材料放在一起就成了教材。那么，是不是可以由地方的省市甚至县的教育部门、教研室来做这个工作？这样一方面能解决教师的困难，另一方面，地方教研室这个层次，应该讲还是有一定的业务能力的。

易：这里不只涉及农村教师的能力，会不会还涉及费用问题，会不会增加学生的相关费用？

班：尽量减少学生的费用。这个问题也很重要。我们不能够把教育当产业。有些人一直把教育当产业，把编写教材当产业，把办培训班当产业。

孙：这些事我们可以讨论，但很难干预。回到教材编写，上次在做教材的过程中，老师提出和落实了很多很好的教育理念，除了教材的留白，还有让教材有魅力，教材要美，等等。

班：在编写教材的过程中，我对教材提出过几个要求，其中一个是教材要有亲和力。教材语言要像跟学生讲话一样，不是站得高高地来教育学生。

孙：教材语言的表达方式要是儿童式的。

班：编写教材时，我也注意了道德教育如何与美育、心理教育融合的问题。初中生刚进学校，首先要适应初中生活。因为初中生活跟小学的学习大不一样：一来要遇到很多新朋友，这是很自然的；二来就是学习的科目多了，难度提高了。相应地，老师也多了。小学生活中，班主任是主要的，学生主要接触的有其他三四位老师就差不多了。到中学，有七八位甚至十几位老师上课。所以，七年级第一个单元的主题是怎么让学生适应初中生活。在这个主题中，我们把道德教育与心理教育融合到一起。强调有积极的态度。“适应”是个消极的（态度），我们不用这个词。用个什么词呢？“笑迎新生活”。“笑”，高兴地迎接新的学习生活，这个就是用积极的态度来对待生活，不是只讲要适应生活。这在教育思想与立场上就不一样了。还有教材要审美化。在江苏省教育学会心理教育专业委员会的一次年会上，我提交过一篇文章，关于教材中的心理－道德教育审美化，（教材）要做得很美！美本身就可以给人以教育！这是我的一个教材编写思想。

教材当然要联系学生生活实际，这也是编写教材时很重要的指导思想。还有就是要重视发挥学生的主动性。我们的教材往往提出许多问题，包括采取刚才讲到的留白的方式。这就是要了解学生心理，要能够适应学生的发展。我看到有人批评这版教材，说留白留了一面纸在那里做什么？浪费！他不知道这个地方就是让学生自己思考问题，让学生写东西，是体现学生是学习主体的设计。有关这方面，我在教参开头写过说明。

总之，教材要尽可能地有亲和力，要结合学生实际，要注意学生是学习主体，让他多思考，所以要有比较多的留白。还有教材审美化，注意与心理教育、审美教育的融合。

孙：当时教材评审的时候是有意见反馈的，对吧？

班：教材做得行不行，包括教材编写的指导思想，由教育部组织有关评审人员审读。说老实话，教材好绝对不是因为我们本领特别大，而是我们的工作方式不一样。我特别注重发挥集体的智慧。很多参与编写的作者，都有他们的长处。我以前听过他们上这门课，课上得都是很好的。我们的作者队伍里也有很好的理论研究者，还有有经验的教材编写人员，比如说孙彩平，她实际上当时已经参与编写了其他版本的小学教材，就是鲁洁老师主编的那版。

孙：就是苏教版的。

班：是江苏教育出版社出的，这版教材也很好。孙彩平已经参与过编写工作了，她有经验，而且她是博士。其他作者（参加教材编写的人），基本上我都听过他们的课。他们上的课当时叫作思想品德或者思想政治，还有心理课。我特别吸纳了做心理教育的（南京市这几个都是做心理教育的）老师。比如杨静平，她做心理教育做得非常好，还开过心理的公开课。因为我觉得道德教育应该学习心理教育的一些做法。他们很注意从学生的角度来说话，用学生的思想感情来看事物。所以这些老师写出来（的教材）就比较亲切。有教学经验的（人）来做（教材），肯定有很多好处。当然也要有我们这些人（理论工作者），博士有刘守旗、崔景贵、沈贵鹏，他们都主编过图书，也都对心理学有所研究。这些人各有所长，但又不是一个个体，而是我们集体一起来编教材，教材是集体的智慧。

集体智慧不只体现在整体的框架、每册的框架这些整体的思路上，而且体现在每篇课文应该如何设计上。从设计到完成，都是集体的智慧。比如说我们两三个人是负责编一年级的，一年级的内容我们固然要参与，同时其他年级教材内容的编写我们也要一起讨论。到了讨论二年级的时候，一年级、三年级的（编写者）都参加讨论。所以这版教材是集体的成果。

你（指孙彩平）编的那本教材（七年级上册）有个花絮。刘守旗的儿子叫小海，我们教材就用了“小海”这个真名，模仿苏霍姆林斯基的一段话，写小海出生了。课文是：“小海来到了这个世界上。……小海的妈妈有了一个儿子，小海的爸爸有了一个儿子；小海的爷爷有了一个孙子，小海的奶奶有了一个孙子；小海的姥姥有了一个外孙，小海的姥爷有了一个外孙；小海的姑姑有了一个侄子，小海的舅舅有了一个外甥；小海的邻居小妮有了一个小伙伴。”

孙：用这个方式来讲伦理关系。

班：是啊，讲伦理，讲生命不是一个人的。就是这个意思。后来我给一个学心理学的朋友写信（她忙得不得了），也是按照这个方式跟她说：“你要注意你的健康，你的身体不是你一个人的，是你丈夫的妻子的，是你儿子的母亲的，是你爸爸妈妈的女儿的，是你学校老师的校长（她本人是校长）的。不要把自己看成一个人，一个单独的、孤立的个体，而是社会中的人，是社会关系中的人。

孙：人的身份是重叠的，你不能觉得自己不好没关系。你自己觉得没关系是不够的，因为你还是你妈妈的女儿。妈妈的女儿不好，妈妈会难过。你还是老师的学生，老师的学生难过，老师也会难过的。

我们原来很注重集体，但是现在包括课程标准里面，突然转向注重个体、注重自我的教育。课程标准、很多课文，包括学校里进行的很多活动，都强调要考虑你自己，考虑自己的感受、兴趣爱好，包括个人进步，对学生有一个暗示：他是孤零零的一个人。有了成绩，是自己努力的结果，他应该开心，应该满足自己的需要。（这种对人的看法）完全是一种“单子化的”，孤零零的一个人在世界上存在。但

水平。”所以你就不要再纠结这件事情，因为你处于道德两难问题之中——无论怎么选择，都会有一个道德缺憾。反过来，从理论上讲，你的选择，说明你处于怎样的一个道德思维状态，你的道德推理是怎样的水平，你把哪个道德原则摆在优先位置。

班：这件事已经过去这么久了，你还耿耿于怀，那说明你很在意自己的道德修养，对自己有严格的道德要求，这一点就很好。

孙：道德敏感性好！

班：就怕什么呢？“我占便宜就占便宜，我管它怎么样呢？”这样的心态就是自私的。而你感到纠结，还有点自责，或者说在这个地方感到困惑。这说明你要求自己做个有道德的人，这点非常好，以后还要坚持。至于这件事，你觉得是有点小纠结，过去了就行了，别太放在心上。下次遇到类似的情况，你可以跟她讲，我出 15 块，但你不能要别人超出 20 块的价格，或者我也可以出 20 块。这样你就不纠结了。

孙：在道德两难困境中，无论如何抉择都会让人纠结。比如说你现在纠结自己当初怎么没有说出来，但是如果你当时讲出来了，她们之间发生了争执，那两个孩子因此错过了车，这时候你又会纠结怎么没有信守承诺。这就是道德两难，进退维谷。

班：即使她们之间没有发生矛盾，你讲出来了，你也会觉得自己没有信守承诺。这件事就像孙老师说的，别纠结了。如果每个人都严格要求自己，那么这个社会的整体状况就会好很多。如果那些贪污的人都睡不着，那还怎么会贪污呢？我之前看到过一个材料，好像是《光明日报》上刊登的，讲美国做了一个研究表明：贪污的人或做了什么亏心事的人，发病率比一般人要高。

孙：他心里纠结？

班：他也害怕！所以一个人做好事，心里坦荡荡的，就会健康长寿（笑）。

孙：在这个意义上说，修德是一种养生！

王：对，我刚刚想问的就是当对坏人进行惩罚的时候，是不是就不用讲道德了？

孙：嗯，这个问题现在越来越受关注了。班老师刚才讲到的那个心理、法律和道德的关系，也有类似的问题。比如说律师在给杀人犯辩护的时候，常用的一个辩护理由是激情杀人，就是说这个人突然一下子冲动杀了人。就像您刚才说，徐力为什么会杀他的妈妈，难道说他不爱妈妈吗？他也爱，但是就是在当时的那种情境当中，他被某种情绪控制了，他无法控制自己的这种情绪状态，这是有心理方面的问题。

老师，接下来的问题就是，他可能是因为情境、遗传因素或者心理因素而杀人，当我们这样解释事情的时候，是不是就把这件事“去道德化”了？

班：那也不一定。

孙：就杀人犯而言，如果不做分析，不追究他杀人的原因的话，会认为他既违反法律，又违反道德。现在，如果这样来解释：他是因为一时没有控制住情绪，或者是因为他家族的原因，或者任何其他非道德的原因而违反了法律，这是不是就导致了去道德化？比如说杀人，如果将其归结为一时冲动，那他是不是就没有道德负罪感了？

班：我知道你的意思。我认为问题没有这么简单。一个人的行为，在认识上、思想上可以把它分开，什么是道德问题，什么是心理问题。但是实际上，它集中在一个人身上，有可能是单纯的道德问题、单纯的心理问题，也有可能既是道德问题又是心理问题，所以它不存在“去道德化”。甚至我可以这样讲，如果他的道德自觉性非常高的话，就可以克服心理上的因素。比如说徐力杀母，如果他对母亲非常孝敬，尽管这几年母亲给他很大的压力，让他很痛苦，他也不会想到杀母亲，这是绝对不会发生的。他心里会坚定地认为：“妈妈是为了我好啊，我怎么能杀她呢？”如果他的这个道德观念很强烈的话，是可以把那个东西（作恶的邪念）压下去的。所以，不一定导致“去道德化”，除非有些纯粹是心理问题。比如刚才讲那个偷衣服的、有恋物癖的学生。但这个（弑母案）不是“去道德化”，因为它本来就不是道德问题。

有位南通的老师跟我讲了一件事：有一对高中学生找他，说他们是恋爱关系，自己也知道不好，问他应该怎么办。老师觉得现在恋爱不好，影响学习，但是在感情上，他们又很喜欢在一起。我就认为这个是心理问题，不要把它看作道德问题。

孙：您觉得这是心理问题吗？恋爱很正常啊。

班：不，我说是心理问题，或情感问题，不是说他有毛病。要把这个“问题”和那个“问题”弄清楚。比如说我现在对某个小学生进行某方面的教育，他不能接受，不是他不愿意学习，可能是他接受能力不够，是心理问题。从这个意义上讲，不是说他有心理疾病。恰恰相反，从心理上来讲，他不但没有心理疾病，而且是正常的心理状况。男女生在高中阶段，是互相吸引的时候，他如果不被吸引，那就是心理有问题了。

孙：昨晚，我在南京的一个学生（小学老师）和我讲，四年级的两个孩子（一男一女）放学一起走，一起吃饭，天天在一起，从表面看就好像在谈恋爱一样。他们班的很多孩子都说这两个同学在谈恋爱，班上也有其他孩子问关于恋爱的问题。

班：异性相吸，就是他们喜欢在一起，但不一定就是恋爱关系。

孙：他们自己也讲他们是恋爱关系。

班：这个不能说就是恋爱关系。当然从另外一个角度来讲，现在性早熟是一个普遍现象。小学四年级的学生间是不是存在恋爱关系呢？很难说。我认为，即使性早熟，也还没（早）到这个时候。孩子还是有惧怕心理的：“我这么早谈恋爱好像不好。”

王：还有的孩子会有这样的心理：班里同学都在谈恋爱，我不谈恋爱不太正常。

班：这也是一种心理问题——从众心理。

孙：我的那个学生说："老师，我要不要和他们讲讲情感问题？"我说："第一，你千万不能讲这是谈恋爱。你告诉他们，你们只是好朋友，你们只是找到了比一般朋友要好的朋友。然后你可以跟他们讲异性之间不是只可以恋爱，也是可以成为好朋友的。"

班：你说不要讲这是谈恋爱，本身你就给他们定性了。

孙：她很纠结，有这种问题怎么办？

班：有这种问题，就告诉他们保持好朋友的关系就行了，不能给他们定性。

孙：我觉得，如果他们觉得是在谈恋爱，要帮他们矫正一下："你们不是在谈恋爱，恋爱要复杂得多。"你们（研究生）老实说从什么时候开始谈恋爱的？就是对异性同学有好感的时候，会是在小学吗？

学生：应该有吧（笑）。

班：像我在南京读三年级的时候，我和同学们的关系特别好，后来分开后，我就特别想同学们。这个想不是想特定的什么人，就是很希望见到班上的任何一个人，不分男女。这就是一段情感历程，是同学、伙伴的友谊经历。

孙：这是一种普遍性的怀念心理。就像梁启超讲的"老年人常思既往，少年人常思将来"，人到了一定年龄，会怀念少年时代，怀念那些人啊、事啊。我感觉这是对自己的年轻状态的一种缅怀。

我对这种缅怀这样解释。第一就是当你有这样的想法的时候，说明已经有了想这种东西的资本，就是有了过去，才能想念过去。第二，有了想念的感觉，意味着你已经不再拥有曾经拥有的东西，所以怀念时不由得会有一种沧桑感。

班：人的心理本身是一种财富，经历得多，对许多事情的理解就比较深，对你以后怎么生活、做人是非常有价值的。

当前来讲，心理教育中还有一些没有厘清的概念问题。比如把对学生的心理教育纳入德育，在德育大纲的相关文件[①]中就有这样的表述。我觉得从工作分工上讲可以，但是从学理上讲就不对。“心理”是个大概念，“德”是个小概念。心理包括多种素质的心理，如道德心理、审美心理等等。还有一种情况就是把道德教育和德育混淆起来。

孙：它们两个是交叉的概念。从道德心理的角度来讲，心理教育也是道德发展的一个层面，所以心理教育也是道德教育。但是心理教育还有道德教育不能涵盖的层面，如心理机制。同时，心理教育也不能把道德教育全都涵盖进去，比如说价值取向等等。

班：所谓心理教育是大概念，比如说发展人的思维、情感等，都是心理教育的内涵。说到价值取向，实际上牵涉到个体道德或品德的心理结构问题。品德的心理结构，通常讲知、情、意、行。我后来想，实际上知、情、意、行是（品德的）心理形式。个体的道德或品德，可以分为三个维度：心理形式是其中的一个维度；第二个是内容维度，就包括你讲的价值取向，比如说爱祖国，爱人民，与别人友好相处等，这就属于品德的心理内容维度；还有一个维度就是能力，品德也包括能力。关于这个我也写过文章，讲思想品德结构和德育的任务[②]。我们讲道德内容本身，很多都是讲道德的取向，所以我特别提出能力。品德能力也可分为三个方面：道德认知的能力、道德情感的能力、道德行为的能力。对道德情感的能力的研究，说老实话，我当时还是做了一番努力的，因为很少有人讲道德情感能力，但

① 1995 年公布的《中学德育大纲（试行稿）》中提到“中学德育目标包括思想政治、道德行为、个性心理素质和能力几个方面”。

② 班华．思想品德结构与新时期德育任务 [J]. 华东师范大学学报（教育科学版），1986（2）：25–29.

是我觉得情感上也是可以讲能力的。在道德情感上是不是敏感，这是一个能力问题。对别人的情感是不是能够很容易地有共通感，或者说很容易了解他。

孙：这是移情能力和共情能力。

班：嗯，后来引进了一个词，叫“情感智商”或者“情商”。我觉得情感能力，是情感的智慧，我不赞成“情商”这个说法。“商”是某数除以某数得到的结果。“智商”是智力水平除以年龄得到的一个数值。“情商”只能被看作一种比喻的说法，没有具体的值和公式，我觉得不科学。

孙：心理形式是知、情、意、行，品德的能力也讲知、情、行的能力，它们之间会有所重复吗？

班：知、情、行是从心理形式讲的，不包括能力。比如道德认知包括观察、思维，但不讲能力。讲能力的话，就是观察的能力、思维的能力等。

孙：可不可以这样理解：内容与形式是一对范畴，能力是这对范畴之外的另一个维度。就是说品德不仅有形式和内容，还有能力方面的品质。刚才说品德心理是被涵盖在心理里面的，那品德是不是还有非心理的方面呢？

班：那不完全呀！比如说道德，道德不完全是心理，道德是规范，因而它还有社会学的维度，还有伦理学的维度。

孙：老师，品德的内容难道不是社会道德规范吗？

班：这个道德规范是从心理角度来讲的，是道德的心理内容，不是道德的内容。把“心理”两个字去掉就不行了。

孙：那品德的内容和品德的心理内容是什么关系呢？

班：道德的内容不一定是心理的，比如，社会主义核心价值观是不是道德的一个方面（的内容）？但是并没有涉及个人品质，没有涉及人的心理，就不是品德的心理内容。

孙：那心理内容包括什么呢？

班：心理内容就是人的各种品质的心理成分。比如社会主义核心价值观，比如说爱国主义，人的爱国主义要有心理基础，也就是心理成分，否则的话，爱国主义就是一个伦理概念。伦理概念不涉及心理，涉及的就是社会中人与人之间道德关系，比如说子女应该孝敬父母。

孙：可不可以这样理解：在社会层面上讲子女要孝敬父母，这是社会伦理规范，是伦理道德关系。它的心理基础是什么呢？是对长辈尊敬的理解、情感、行为，这是它心理的形式。心理内容和能力都是与这些形式相对应的，具体的理解与理解力、具体的情感与移情等。

班：是的。同一件事可以从不同的角度去看。心理是看道德的一个角度。比如说我这个茶杯。从它的功能来讲，可以用它来喝茶；从质地来讲，它是瓷的；如果它做得很美，也可以是一个艺术品。不用纠结它到底是艺术品，还是瓷器，还是茶杯。其实它都是，只是从不同角度去看。

王：老师，品德和道德是一个概念吗？

孙：我理解，品德是心理学的概念，是个体化了的道德，有时也叫作个人的道德品质。道德是社会视角下的，通常与法律等相并称，作为社会秩序的治理方式。

王：道德里面包含了品德？

孙：不是。我理解的品德是一种个体化的品质，将社会道德内化为个人素质，就叫作品德了。道德不一定是每个人的，道德可以是社会的。比如社会上有一些共同的道德规范，这种道德规范在还没有内化为个人素质时，就只是社会道德规范。要讲个体的道德，就是品德或道德品质，可以说品德或道德品质是社会道德的个体化形态。但是道德不只是个体道德，还有群体，还有整个社会在某一时期所崇尚的价值标准。所以，道德可以分为很多个层面。

心育的学科定位

崔（景贵）： 您刚才讲到道德心理学。我觉得心理教育本来就是可以用多学科视角来研究的一个问题。您主要是从教育学的视角进入，还有一部分学者是心理学知识背景的，还有医学背景或者社会学背景的学者也在做这个问题的研究。您对从多学科的视角研究心理教育或者开展心理教育实践，有什么指导性的意见？

班： 我没有什么指导性意见。我就是觉得我们要主动学习进步，包括主动学习国外的前沿理论和做法。如果拿心理学和教育科学对照来看，我认为心理学比教育科学的科学性更强，研究也相对更深入、更成熟。但是不能仅仅把心理学作为自然科学来看。心理学是自然科学，也是社会科学。为什么是社会科学？人是社会的人，没有脱离社会关系的孤立的人。既然是社会人，所有人的心理现象就具有社会性，很多社会病实际上都可以找到社会心理方面的原因。中国科学院心理研究所的王极盛先生研究病态社会心理，他结合当时的社会情况，概括了六大病态社会心理①。当前也有很多新的病态社会心理：没有责任感、浮躁、搞形式主义等。从这个角度来讲，心理学不仅仅是自然科学。从文化学的角度，从人类学的角度都可以研究心理问题。正是因为这样，我觉得你的论文写“多学科视野的心理教育研究”是很好的。

从多学科视角看心育，还要区分“心理学”和“心理教育”两

① 王极盛 . 当前改革的心理学问题 [J]. 管理世界，1986（1）：132–143.

个概念。我前面说心理学在科学性上比教育学要好一些，但从心理教育来讲又不完全如此。心理品质，比如人的性格特点，这些跟价值无关。不能说这个人内向，他的价值取向就更符合道德。性格倾向跟道德没有必然关系。还有气质类型，跟人的道德也没关系。它本身是中性的。但是心理教育要不要有价值取向？不止一个人提这个问题。我这么想：心理和心理教育不是一回事，心理没有价值取向，心理教育应该有价值取向。教育至少要培养心理品质，也就是引导人朝向积极的心理品质发展。这个人固执，这是他的心理特点，但教育不能培养他固执的品质。对好的方面他坚持，择善固执，这是坚强的表现。教育要培养他坚强的毅力，也就是对好的东西的执着，同时也要引导他及时调整自己的价值取向，对不好的方面要及时放弃和调整。这是教育对固执的心理品质的态度。教育肯定跟价值有紧密联系。一旦讲教育，包括心理教育，我觉得就应该有价值取向。

崔：我最近一直有个困惑。说视野也好，说范式也好，教育学的和心理学的心理教育之间存在着差异，怎么去把握这种差异？

班：心理教育和道德教育有区别吗？

崔：有区别，这个我理解。

班：那现在就提一个类似的问题，从心理学角度进行道德教育和从教育学角度进行道德教育有什么不同？这其实是同类问题。还是几个概念间的问题。我认为应该把心理学和心理教育区分开来，把心理教育和心理学教育区分开来，还要把心理教育和教育心理区分开来。

崔：对，您写过相关的文章，我有了解的。

班：把这些概念都区分开来，就好理解了。对同样一个问题可以从不同角度理解，但这个问题本身不会因为你从不同视角理解它，就成了不同的问题了。问题还是那个问题。同一个研究者，也要学会从不同的角度理解同一个问题，这样对问题的理解就会更全面。从心理学角度来讲心理教育，能够更好地运用教育心理的相关原理进行心理教育。从教育学的角度进行心理教育也可以，我也要用教育心理进行心理教育，同时教育学还会侧重对学生的引导性，也就是价值性，也可以说是心理教育的教育性问题。

崔：我这样想：教育学的角度更多地着眼于教育的不同的主体、内容、形式等方面，强调心理教育的途径要跟课程、教学、班主任、校园文化等方方面面的教育相融合；而心理学的角度，更多的是侧重于学生主体自身的内发性。不知道这样想对不对？

班：不完全是这样。你说的教育学视角，实际上是心理教育的形式、实施方式、途径。你说的心理学视角，关注学生个体，实际上是内因外因的问题。不管是从心理学角度或者是从教育学角度讲心理教育，这两个方面都会涉及。内因和外因是两个性质不同的影响因素，内因是人的心理发展的根据。

崔：那能不能这样讲：心理学强调的是由内而外，教育学强调的是由外而内……

班：恐怕也不是这样的。心理教育仍然是从外向内的，既然是进行教育，就是对学生施加影响，当然都是从外界向学生施加影响，都是由外及内的。

崔：老师讲得对，理论上讲都是由外向内的。我觉得，从工作或者策略的角度来讲，心理学的视角还是更注重“心”的角度，强调内在的体验、觉悟、反思……

班：这些是心理活动。实际上，不管多么高明的教育，都必须通过人的内部心理活动得以实现，这是绝对的，外因通过内因起作用。所以，这实际上是内因与外因的问题。

崔：我就是觉得现在教育学视角下的一些做法、说法不太恰当，当然不能说它没有应用心理学的策略，但更多是强调集体、文化、大一统的观念，而且往往是强调教师在先，教师先动，先有教再有学。心理学视角，比如说团体辅导，从形式上看也是集体活动或班级活动，但心理学的视角主张让学生先动，学生先活动、体验才可能有教育的成功。

班：你知道洋思[①]的教育模式吗？先学后教，老师上课只讲十几分钟，剩下的时间都是学生自己在学。这是教育学中说的教学方式和教学效率问题，这也是一个探索过程。洋思中学探索出来了，还有上海师范大学刘次林他们提出的“以学定教”，就是根据“学”来确定“教”。过去教育强调灌输，老师主导得多，现在也强调一定要让学生自己体验，尊重学生的主体地位。所以这不是心理学与教育学的区别。

我有个想法，可能在以前的文章中也讲过，道德教育怎样才有效呢？要学习心理学的有关方式和做法。比如说心理教育有“快乐小屋”，道德教育为什么不能搞个“快乐小屋”呢？在心理咨询中，强调咨询者与求助者之间是平等对话、相互尊重、相互理解和信任的关系，道德教育不也应该是这样的吗？为什么要居高临下地灌输呢？我有两篇文章《与中小学心理老师谈心理教育》[②]，讲到无锡的心理教育充满童真、童趣，非常快乐，这就是道德教育要学习的。学习了教育心理，让道德教育过程更人性化，更有亲和力，效果自然也更好。我写过一篇文章《追寻诗性德育》[③]，道德教育应该是具有诗性的，是美的。

---

① 指洋思中学，这所学校打破传统课堂以教师讲为主的惯例，创立了“先学后教，当堂训练”的课堂教学模式，强调学生在教师引导下自主学习。

② 班华. 与中小学心理老师谈心理教育（之一）[J]. 中小学心理健康教育，2007（Z1）：6–10；班华. 与中小学心理老师谈心理教育（之二）[J]. 中小学心理健康教育，2007（17）：4–6.

③ 班华. 追寻诗性德育 [J]. 中小学德育，2011（1）：10–13.

对心育学科建设的建议

崔：老师对心育的学科建设有什么建议？

班：对学科建设，我在《心育刍议》中谈到一些，但是我最关心的不是学科建设，最关键的是把工作都做好，（学科）慢慢会形成它的雏形。文章发表后，《江西教育科研》给了一个评价，说这篇文章讲了心理教育的任务、内容以及实施意见，使“心理教育有了一个初步的框架”。学科要建设成熟，就必须对研究对象非常明确，明确心理教育和非心理教育的根本区别。我们前面谈到的这些问题，实际上都是心育学科建设的内容。而且，学科建设不是一个人说了算，而是整个学界要有一定的共识。

崔：我读博士时，您就讲过这个思想，当时我也是能理解的。但是在现实的发展中，问题不是像理论设计的那么单纯。比如现在很多学校、学院都要以学科建设为龙头。我在一所学校做心理教育研究，假如这个学科不被认可、没有地位，那么我呼吁要进行心理教育就没有人听。学科建设好了，能带动很多方面的发展，比如课程建设和师资队伍建设等。所以我觉得学科建设非常重要，也写过一篇心育的学科建设的文章，讨论它是不是一门学科，是一门什么样的学科，到底怎么样才能把这门学科建设好。

班：我是这样想的：一个学科成立，要明确研究对象，界定研究任务，要有独特的研究方法，当然还要有其他的条件。有没有教师与一个学科的成立关系不大。学科成立了，教师可以再培训、再提高。把心理教育作为一门学科，陈中永写过这方面的著作。江苏省已经印发了关于心理教育的文件，要求每个学校配备专门的心理咨询员，这也是一种重视。

当然，我跟它（文件）讲的有区别。心理咨询员主要是处理心理问题的，我讲的心理教育不是这样的内容。哪怕一年到头没有一个人出现心理问题，也要进行心理教育。

崔：如果说它是一门学科的话，那您觉得它是一门什么样的学科？

班：它和心理学、教育学、社会学、文化学等等都有关系。这里面牵涉的心理学是研究人的心理，人的心理又是社会心理，（因为）人是社会的动物；同时人是有文化的，所以人的心理不是一般的动物心理，又是一种文化心理。所以这个学科应该是个综合性的学科。我曾说过，心理教师应该是学生精神的关怀者。为什么呢？人是有精神的动物。人的素质分为生理的、心理的、社会文化的、精神的这些不同层次。精神是最高层次。

崔：您觉得学术研究也好，学科发展也好，能不能提心育学科这个说法？

班：只要是成熟了就可以提。我没有这样提，因为我认为目前还不成熟。当然它可以发展成学科。

崔：我曾经写过一篇文章，发在《教育导刊》上，说的就是怎么去思考心理教育学的一些问题。

班：只要你觉得成熟了，就可以提。不要管别人怎么样，大家都提出自己的想法，一起讨论，问题才能深入。要知道，有许多学科的开创者在最初写出著作来的时候，并没有说它是一个学科。后人承认这就是一个学科，他就成为这个学科的开创者。关键在于你有充分的思考，能把问题说清楚。

崔：还有一个问题，就是这个学科的边界在哪里？比如说，有没有不属于这个学科范畴的？可能说得有点大了。

班：当然有点大。对象的界定要非常明确。用反向思维来看，不属于心理教育的，就是不作用于和培养心理机能的。这样的教育当然也有很多。

崔：区别是什么？应该是目的性和计划性吗，还是它的科学性？应该从这几个方面去划分吧？如果是无意当中造成的（影响），不能把它归为心理教育吧？

班：无意之中造成的不算是，教育应该是自觉的。所以我最近提出要做自觉的教育者。在《"学会关心"——一种重在道德学习的德育模式》这篇文章[①]中也提到过，很重要的一点就是要自觉。所谓自觉就是理性地、充分地认识到它的实质。如果不自觉，可以做这个也可以做那个，就是盲目的了，就不能算在内。比如，在《中国教育报》上有一篇文章，标题是《师爱 = 母爱》。我认为这个要认真考虑一下，师爱不等于母爱。《斯霞和孩子》这篇文章[②]发表后，受到了批评，认为这是资产阶级人性论。我的评价[③]是，斯霞老师对学生的爱是师爱，但是她的爱又像母亲对孩子的母爱一样，所以，斯霞老师的爱是将师爱和母爱融合在一起的。师爱不等于母爱。母爱有各种各样的情况，有理性的，也有的不是出于理性。有的妈妈关心孩子无微不至，非常周到，甚至造成孩子对妈妈的过度依赖。

孙：师兄刚才讲到心理教育学的学科建设问题。我想请教：心理教育学是不是属于教育学下面的如小学语文教育学这样的层次？还是将其作为学校教育中的一种（心理教育课程或）实践活动，对它进行研究？它（心理教育学）的研究对象究竟是什么？

班：你讲得有道理，可以把心理教育（学）作为教育学的一个分

---

① 班华．"学会关心"：一种重在道德学习的德育模式 [J]. 教育研究，2003（12）：37–43。

② 徐文，古平．斯霞和孩子 [N]. 人民日报，1963–05–30（2）.

③ 班华．学习斯霞 做幸福教师 [J]. 教育，2010（25）：19.

支来理解。

孙：我觉得有一点区别。如果把它（心理教育学）看作跟小学语文教育学同等的一个学科，它应该是教育学的下属学科，就像德育学一样，是教育学下属的一个二级学科。如果心理教育学是把心理教育作为教育生活或者社会生活中的一个具体的现象来研究的话，好像有些不同。

崔：我反过来问你一个问题。你觉得教育社会学放在教育学或社会学哪个里面比较合适？社会教育学放在哪个里面合适？

孙：如果想把它看作一个学科的话，会有不同的视野。把它看作教育学中的一个分支的话，它就是教育学视角下的心理教育学；如果在生活现象的视角下看的话，范围就很大。不仅包括学校的心理咨询，也包括社会上的心理咨询机构。这就不仅是学校的心理教育了，而是一个更广泛的概念。这两个范畴是不一样的。我觉得这里面是有一点区别的。把它放在和小学语文教育学、小学数学教育学一样的位置，首先就把它放在了教育学的视野之下，它就是在学校里存在的问题。但如果溢出学校空间，它就成为一个社会问题，一个有着不同层次的如矫治、辅导、治疗等的广泛的社会活动。

崔：我自己想的可能是更宏观一点。

孙：宏观一点的话，可能是要溢出学校教育的边界的，成为一个从社会视角来讨论的活动，属于社会学的视角。

班：应该是可以的。

心育研究的现状与未来

崔：班老师，我还想问几个问题。第一个是就心理教育而言，目前有多少在理念上或认识上达成的基本共识？第二个是您觉得心理教育中，研究也好，实践也好，存在哪些比较突出的问题？第三个问题是您觉得将来的心理教育的可能走向会是什么样的？

班：你讲的这些问题都很重要。现在有多少人认可心理教育？我认为不多。

崔：不是说认可心理教育。我是想问，在心理教育的研究中，比如它的概念、定义、目标、意义、任务等等，哪些是比较成熟的、有共识的？比如，心理教育能促进人的心理发展、和谐发展，或者心理机能的发展，这是否已经是共识？还有，心理教育必须走本土化道路，这个也应该是共识了吧？

班：走本土化道路，这个本来就已经是共识了。你刚提的一系列其他具体问题，很多人还不一定很熟悉。对心理教育本土化的一些具体思路和做法，也不一定很熟悉。讲一个实例，我参加去年的博士论文答辩时，有一位博士的论文，认为引进了积极心理学，道德教育就成了积极的道德教育，好像在没有引进积极心理学之前的道德教育都是消极的。实际上，从古至今的中国道德教育，基本上都是积极的，或者说以积极的为主流。比如《学记》讲“长善救失”，把“长善”放在前面。孔子对学生的教育也是积极的，很多学者的教育思想也都是积极的。现在的德育原则，如发扬优点、克服缺点，发扬积极因素、克服消极因素，都是强调以正面教育为主的，都是积极的。

孙：老师，我有一个问题：您刚才讲到，心理教育与心理学是不一样的，教育是有积极的价值倾向的，所以心理教育一定是有着积极的价值倾向的。那是不是就不存在“积极的心理教育”这个概念了呢？

崔：我不太赞同这个说法，这里可能存在着一点分歧。从它（积极心理教育）的意义上理解，主要有三个层面的意思：第一层是关注人的善端、美德、积极的东西；第二层强调的是，从我们的角度来说，要能够看到积极的方面，做出积极的解释，赋予它积极的意义；还有一层是技术层面，强调要采取积极的策略、行动等。问题是什么呢？从理论上看应该是这样的，但从实际来看，很多德育实践是消极的。

班：消极的是不对的，不能拿不对的做法来反对观念。讲积极德育也是对的，但不是因为引进了积极心理学，才可以进行积极德育。问题在这儿。比如周弘说的“赏识教育”，不也是积极的吗？其实，在周弘之前很多年，天津的一所学校申报的课题就叫“激励教育”，这不也是积极的吗？

孙：那篇博士论文讲的是不是自觉的、以积极心理学的相关理论为指导的道德教育？

班：不是这样的。实际上是对我国古代的道德教育没有真正地理解，我觉得这是关键。

崔：心理教育本身确实有积极和消极之分。我说的是这个意思：很多东西从理论上来说，是对的。但是在现实中，很多教育问题不可避免地存在着。

班：现实生活中是存在问题。但是不是要靠积极心理学，我才能应对这个问题？

孙：师兄是说技术层面的积极与消极，还是贯穿着心理教育的全部过程？

崔：我觉得是全部的，可能有不同的范式。就像刚才班老师举的例子：如果是因为有学生出了心理问题，要进行心理教育，这种取向肯定是消极的心理教育。

班：心理教育是有积极与消极之分。她（指前面提到的博士生）的问题在哪儿呢？她讲的是，只有引进了积极心理学以后，道德教育才是积极的。我认为这个说法是不对的。实际生活之中存在着很多从消极入手的教育，但是我们自古也有很多道德教育就是积极的。要区分思想、理论与教育实践。在思想理论上我们一贯坚持积极教育，所以积极的道德教育的观念并不是创新，也不是只有引进了积极心理学，道德教育才能成为积极道德教育。

孙：老师，师兄刚才提到心理教育观念在学界的一些共识，比如心理教育的目标、心理教育的内容或者心理教育的取向，这些是否存在或者在多大范围内存在着共识？

班：这个就说不清楚多大范围了。

孙：最起码在老师、沈贵鹏、崔师兄等人的这个圈子里是有共识的，在你们的课堂上也是这样传播的。

班：可以这么说，但在这个圈外就不清楚了。《中小学心理健康教育》的副主编陈虹，她出了本书，要我给她写序、题字（见图3）。我说我又不是心理学专业的，怎么好给这个杂志写序、题字呢？她坚持来家里找我，我就写了心理教育的宗旨（从教育的角度来说是目标，从工作的角度来说是宗旨），就是“优化心理机能，提升精神品质，促进人格和谐，服务人生幸福”。这里的“精神品质”实际上也包含着“道德品质”。另外，这个

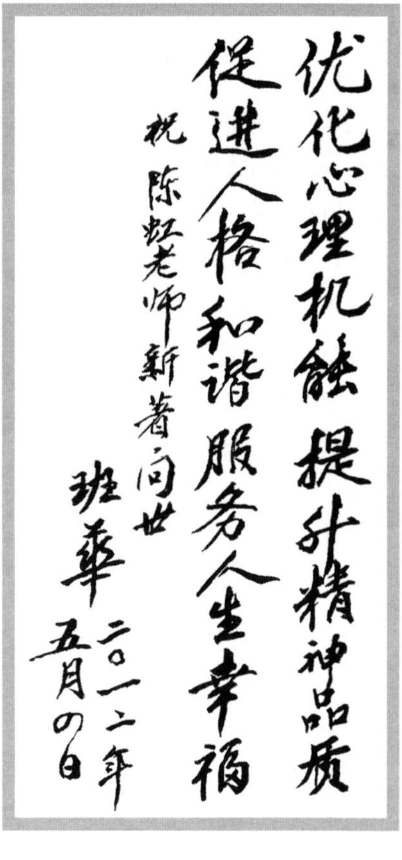

图3　班老师给《中小学心理健康教育》杂志的题字

杂志分两期刊发了我的《与中小学心理老师谈心理教育》。我知道，她对我们的“心理教育”的诸多主张都是认可的。

崔：从学校心理学的角度来说，大部分人都在做这个（积极心理教育），像南师的傅宏教授也是主张积极心理教育的。

孙：他是心理学专业的，对吧？

班：虽然是在心理学视野中的（积极心理教育），但是他（傅宏）也逐渐注意到这个问题了。林崇德有一年到南师，我还碰到过他，他对我这个观点也是蛮肯定的。

孙：在教育学视野中（研究积极心理教育的）还有谁呢？

班：说实话，没有多少人。在教育学视野中做心理教育的人不多。西南大学有个叫夏海鹰的博士，是不是学教育学的我不知道，她做的是心理教育方向的博士论文。

孙：教育学领域中好像除了你们，就没有更多其他人了，是不是这样？所以你们之间有共识，不就意味着有共识了吗（笑）？

崔：如果真的感兴趣，我有一篇文章可以发给你，篇名是《教育学视野中的心理教育》，我曾经列过几篇相关的文献。

孙：好，师兄的下一个问题是：在心理教育中，您觉得还有哪些问题？就像上次谈道德教育的时候，我们谈到了几个方面的问题，比如中国文化的问题、农村道德教育的问题、本土化的教育问题等。心理教育方面，您觉得还有哪些问题需要思考？

崔：这个问题有点大。我们这样来说：如果心理教育着眼于今后发展的话，老师觉得有哪些问题呢？

班：我写过一篇文章，2007 年在《中国教育学刊》上发表的，写到了这个问题，题目是《创造性的培养与心理教育》。我认为这个是我们要追求的东西，心理教育要开发人的心理潜能，包括开发人的创造潜能，这是很重要的一个问题。但是开发潜能不光是心理教育的问题，还是整个社会的问题。现在还有很多社会病不利于人的心理潜能的开发，要克服这些问题。做教育的，做心理教育的，要讲怎么样培养人的创造性和潜能。

孙：这是属于心理教育内容方面的吗？

班：是目标，也是内容。我早年也写过创造性培养和德育相关的文章。但是，真正培养人的创造性，仅仅靠教育、心理教育、道德教育都不行，但我们只好从心理、道德教育的角度出发。整个社会也要关注人的创造性的培养。一个暑假学生能休息多少天啊？要他上这个培训班，那个提高班。不仅折磨学生，家长也受折磨，老师也受折磨。这样怎么能培养孩子的创造性呢？本来孩子可能对奥数还有点兴趣，硬要让他去拿金牌。结果金牌拿到了，但他觉得太苦了，以后再也不想学奥数了，数学方面的创造性也没有了。

孙：创造性是前些年教育领域比较关注的一个问题。老师关注创造性，是不是因为基础心理学主要关注认知、情绪，没有特别注意到创造性的问题？

班：不完全是。现在是一个全球化的社会，教育也应该全球化。不管你愿意不愿意，都被卷入了国际竞争。在某种意义上讲，国际竞争就是人才竞争。人才竞争实际上也就是人的创造性的竞争。当代对创造性要求是比较高的。在这个方面我们要反思：一个几千万人口的小国家有诺贝尔奖获得者，我们这个人口大国为什么就没有（自然科学领域）诺贝尔奖获得者？是中国人笨吗？不，中国人一点也不比外国人笨。是中国人不想吗？不是，中国人非常想获奖。是中国没有条件吗？也不是。为什么没有获奖者呢？其实是很多地方受到了束缚，创造性没有培养起来。比如考试要标准答案。有个孩子说太阳是蓝的，老师会马上否定掉。太阳怎么会是蓝的呢？老师不鼓励孩子想象，反而会批评和限制。还有，教育中有很多这个工程、那个工程，比如教育家培养工程。我觉得非常可笑。

崔：如果能够培养出教育家不是更好吗？如果从积极的方面讲，

我觉得也可以当作一种期待效应。

班：我们打个比喻。这一大片森林，哪些树将来能做栋梁？我圈定了这几棵树，其他的那些树就不圈。十年后，那些没被圈定的树却比被圈定的树长得还好怎么办呢？有失教育公平！现在确定了这几个人将来是教育家，你现在不是，我要把你培养出来，给你种种待遇，做成封面人物等。

崔：这样（教育家不能培养）的话，那学术带头人也不要搞了。

班：学术带头人是他已经有了这个学术水平了，让他带个头。这是可以的。你现在是学术带头人，几年后别人超过你了，那他就是学术带头人。这样才行啊！孔子这个教育家是什么人培养出来的？陶行知是谁培养出来的？

崔：如果有培养，说不定他们能更好呢（笑）！

班：有培养，就没有陶行知了。陶行知反对一切封建的东西，他提出六大解放，包括要解放儿童。

孙：的确，人的培养不是一个工程就能解决的问题。

班：人比工程复杂得多。现在培养的教育家（我不知道全部名单，但我也知道其中的个别人），就个别人而言，从师德来说，就不够格做“教育家”。这也有失教育公平！把这个人作为教育家培养对象，这个人的品质怎么样？假如他的论文都是别人代写的，他的所谓教育成绩都是其他老师做出来的，或者其他老师也有重要贡献的，但他获得了这个称号，不是很荒唐吗？

崔：有一个问题，我觉得也蛮有意思。现在心理教育可以讲是“三足鼎立”的状态。形象地讲：一种叫讲坛上的心理教育，就是在讲台上和书本上来讨论、思考心理教育；第二种是地坛上的心理教育，就是在日常生活当中在做的，比如说机构、社会服务、培训等；还有一种是天坛上的心理教育，就是在学术研讨中的，处于学者讨论范围里的。对这三种心理教育形态，您怎么评价，或者说对它们的发展有怎样的建议？

班：不光是心理教育，所有的教育，包括道德教育都有这样的三种形态。我觉得作为学者，有一种社会责任，或者说学者本身的职责就是做更多的探索，同时非常重要的是能用于实践。探索的东西再高深，最后都应该落到地上来。

崔：从天上回到地上。

班：对，否则就没有意义。比如说教育哲学，我认为非常重要。有人认为教育哲学的东西太抽象，太空，没有用。我觉得有两种情况。一种情况是有的人搞得很高深，人们觉得没有用。但是这仅仅是“觉得”的问题，真正理解后，哲学是很有用的，而且它是有大用的，所以我讲要做自觉的教育者。自觉的教育者就是对教育问题要有哲学层次上的自觉，从理性上去把握它。比如刚才说教育家培养工程，就是没有达到自觉的程度。如果达到自觉程度，就会有计划地培养，使这片森林的每一棵树都很好地成长。而不是先确定这几棵树苗将来会是好木材，就对它们拼命地施肥、浇水。这有失树类的公平！

崔：您讲得有道理，但在操作层面也有问题。作为管理部门来讲，如果不有意识地去关注或提供一些资源，提供一些条件，肯定也不利于他更好地发挥作用。让它自然生长，谁长得出来就是大树，长不出来就慢慢长吧！这样效率也比较低。

班：可以有计划的，但是大可不必事先确定谁是“教育家”。

崔：那我觉得这几棵树长得蛮好的，长得比别的壮。

班：你都调查了吗？

崔：虽然没有全部调查，但是至少看到的这些是这样的。

班：如果你没看到的比这些长得还好呢？

崔：那你告诉我，我再去挖掘啊。

班：对整个群都要关照，需要水的，我都灌溉。

孙：老师的意思是说有的树先长，有的树后长，现在就确定这些，那些后长的可能会长得更好呢！

班：就如同一个小学校长曾经讲的，他的办学理念就是珍视童年价值。所有的儿童就像玫瑰一样地成长，有的早开，有的迟开，但都是一样美丽的花朵。

中国式心育

崔：今天谈一个老师提到得比较早的观念：探索中国自己的心育之道。我记得是 2000 年左右在《中小学心理健康教育》杂志上的文章里提到了这个问题。

班：这个是 2001 年，也是在这个杂志的创刊号上发表的文章。

崔：这个杂志在创刊号上刊发了您的这个主张，是很有意味的，在某种意义上讲，也代表了这个杂志的办刊宗旨和方向，当然也可以说是中小学心理健康教育与实践应该走的道路。

班：我们在淮阴搞了一次活动，主持人是孙勤。那个学校（淮阴中学）专门搞了个对农民、农民工也开放的心理活动室，在教学楼的下面整个一层，就像通常讲的心理咨询室、活动室。大概行政部门建议挂一个“心理咨询室”的牌子。他们问我怎么办，我说不挂好，中国的文化背景和国外不一样，大家忌讳这个词。很多高校的心理咨询室，有的学生不了解的话，也不会去。建议叫“阳光小屋”“活动室”这类中性的名称，中国人比较愿意接受。

苏州有的学校就不把它叫作“心理咨询室”，而是把它叫作“某某老师谈心室”，这位老师是特级教师，在学校里知名度很高，学生当然知道。为什么叫作谈心室呢？（实际上是做心理咨询，）因为学生愿意去谈心，不愿意接受心理咨询。以前也叫过“快乐小屋”，孝陵卫中心小学做得很好，学生愿意进去玩。

崔：对，我记得当时您带我们去过几个学校，南京孝陵卫中心小学、金陵中学、南京市第五高级中学（也称南京五中），还有海门的东洲小学等。您当时就非常鼓励他们结合自己学校的文化，结合学校有特色的做法实施心理教育。

班：像孝陵卫中心小学的心理活动室就叫“快乐小屋”。它确实是个很让人快乐的地方，同学进去就是玩游戏，同时也有老师在那里做辅导。“快乐小屋”的屋顶上面布置了很多“树”，树上有各种果子，苹果啊，石榴啊。你愿意的话，可以采一个下来看看，实际上果子里包着要回答的一个问题。小学生很喜欢这个。

崔：（果子里面）都是大家关心的问题，情绪方面的，学习方面的，人际交往方面的。这些都很符合小学生的需求。对中国特色的心育道路，大家已经形成了观念上的共识。但是在实施过程中，好像还有点极端化的走向。一种就是完全引进西方的心理咨询、心理治疗的做法。还有一种完全是土生土长的，这种土生土长可以说是试探性的，所以科学性、专业性不是很到位。您对这个怎么看？

班：讲走本土化的心育之路，绝对不是封闭起来。因为现在是开放的时代，必须吸收国外新的、有用的、科学的思想和做法。但我们国家从古代到现在也有很多可以继承的东西，以前不重视，没有把这些好的传统提炼出来。国外的心理教育开始得早，叫心理咨询。我在《心育刍议》里对此做了回顾：20世纪初美国就有了心理咨询，我们的香港、台湾学得快，然后我们这里才开始注意学习，有了现在的心理健康教育、心理咨询的说法。这是一个外在的原因。内在的原因，是从理解上、认识上只是看到了问题，没有从积极的方面考虑问题。因为出了问题，看到某某明星或学生因为抑郁症自杀了，觉得要针对这样的事情进行心理教育。开始基本上是这样的，是消极的视角。

心理教育最重要的是什么呢？后来在有的文章中我讲了这个问题，是要提高人的心理机能，培养良好的心理品质，或者说培养优良的心理素质，不是因为心理有问题才进行心理教育。比如说体育，不是说人生病了才开体育课。德育也不是因为这个人道德败坏了，道德上出了问题才开设的。中国的中医，“上医”是治未病，治未病就是要养生，还没生病就要养，目的是让人长寿，生活得健康快乐；“中医”是防止人生病，是预防人生病；“下医”才是治已经病了的。心理教育也分了几个等级。华中师大一个心理教育的老师，在台湾讲心理教育的几个层次：教育、辅导、咨询、治疗。心育的确包括这四个层次，但主要是前面两个层次。第一个层次是治未病，第二个层次是防止，都不是治，这实际上就是发展性心理教育，是积极的心理教育。

1991 年发表的《心育刍议》讲的就是发展性心理教育，2001 年发表的《心育再议》明确了发展性心理教育也就是积极心理教育。在这以后我又看了一个“成长心理学”，成长心理学就是积极的教育。

崔：为什么我会有刚才这个问题呢？跟我去德国学习的经历有关。我到德国莱比锡大学访问交流的时候，关注到他们的积极心理治疗。积极心理治疗的创始人佩塞施基安（Nossrat Peseschkian）给我发了一些材料。我后来又自己找到了一些资料。我学习后发现我们对他的理论有些误解。中国的心理工作者把他的思想翻译成“积极心理治疗”，实际上应该翻译成“积极心理调适”。他出生于伊朗，后来到美国留学，他把东西方文化和心理辅导技术相融合，提出了积极心理调适的系统思想，在中国也做了几期专业心理调适人员的培训。他说在中国的文化环境里，一讲到治疗就很容易让人家产生看病或者治病的误会，所以他特别强调不叫治疗，叫调适。这件事让我很受启发。一方面我们要有国际视野，看清楚别人到底做了什么；另一方面又不能完全西化，完全照着人家走肯定不行，要有本土化的信念。也不能搞封闭式的乡土化，强调土生土长，完全是自己的、封闭的恐怕也不行。

班：要看土生土长的是不是符合科学。

崔：对，真正有价值的、有生命力的东西，应该是这两个方面的统一：一方面有跨文化的视野，另一方面要有本土化的情怀。立足于本土，又能考虑到与国际前沿理论的对话与交流。

班：这是对的，应该是这个思路。不是说要本土化，就对外国的东西拒绝，或者不理睬，这就不对头了。其实从学科来讲，心理学发展要比教育学成熟。心理学有许多自己的术语，教育学中的术语有很多是从其他学科移植过来的。而且心理学的一些结论是通过比较严格的实验得出来的。比如德国的冯特（Wilhelm Wundt）搞实验心理学，就是用自然科学的方法，相对来说比较成熟。我们要注重学习国外的心理学理论，把人家的理论弄清楚。但是光有这方面还是不够的，自己国家的一些东西也要弄清楚。我们有很多好东西，要把它发扬出来。

对心理－道德教育的思考

孙：老师，我们前面讲到了心理和道德、心理和法律的区别，提到有些问题是要区别看待的。但同时，一件事情可能有很多方面：道德的、心理的、法律的都有。比如分析心理学说，人的抑郁症，以及很多的心理疾病，实际上是由价值的混乱造成的。道德价值混乱会导致内心的长期纠结，就会导致个体的心理抑郁、焦虑、狂躁等等。所以后面我们也一直在说，心理和道德是融合在一起的。那么，我的问题是：在分化与融合之间，怎样去理解与把握它们之间的关系？

班： 在实际生活中，我们很难分清哪个是心理问题、哪个是道德问题。我在小学也看过类似的课，南京的成贤街小学给低年级学生上心理课，课题是“夸夸我自己”。这堂心理课不完全是心理教育的内容。当然是可以夸自己的，比如有的孩子夸自己会拉二胡、会唱歌等等，有的孩子现场表演一些自己的才艺。但是也有孩子说，他下雨天给奶奶送伞，帮妈妈做家务，这个能说仅仅是心理品质吗？他和奶奶之间有亲情，这不是孝敬老人吗？再比如说帮妈妈做家务，也是道德表现。实际上，心理和道德是融合在一起的。在实践教学中，二者也是融合在一起的。所以，我提倡将心理教育和道德教育有机地融合。真正达到融合，实际上就是一体化，我用了“心理－道德教育”这个概念来表达。这个就是“心理－道德教育”概念的由来，我也把它看作一种新的教育形式。

在一次全国教育学研究会德育专业委员会开会时，我提交了一篇论文《心理－道德教育的审美化》。在编写德育教材时我注意了审美，在语言表达、插图、版面设计等方面都有审美的视角，把美育也融合进去了。并不是说要特意插入美育内容，道德本身是美的，所以叫美德。自然而然，它们在内容和形式上就能融合在一起。我以前做的一个课题，在南京五中做些实践探索，提出“整体融合”的教育，就是将智育、体育、美育、德育整体和心理教育融合。所以有时我也用整体融合这个概念，从心理教育的角度来说，是将心理教育与整体教育融合。

孙： 这里所说的心理教育是一般意义上的教育概念，它本身就是蕴含在各育之中的。现在回头来说，心理教育要融合到各育中去，有一点让我觉得逻辑上有问题。因为按前面的说法，它就在里面了，是一个一体多面的存在，还要讲融合吗？

班： 在教育实践中，有的是融合在里面的，有的没有融合，讲道德教育就单单是道德教育。很多人从主观上没有意识到它们之间有融合，就像我刚讲的例子。心理教育的整体融合是一个方面，还有另外两个层面的融合：在讲道德教育时，把心理教育融合进来；在进行心理教育实践时，也把道德教育融合进来。关键是要自觉地去做。刚才的例子中呈现的是一种自发的状态（老师自己认为这是心理课，并没有意识到它包含着道德教育的元素在里面），自发的是原生态的、自然的状态，还应该在理论上进行分析、提升，这样才会自觉地来做。我提出这个问题的想法，就是引导大家要有意识地、自觉地这样来做。

孙：也就是说，讲融合，实际上是指一种自觉的教育意识。心理、道德、法律、智力等，只是做研究时的一种分科式思维，它们在现实生活中本身就是融合在一起的。从这个意义上讲，提倡心理与道德的融合，是有现实基础的。我现在向您请教：刘晓明老师他们提出把心理－道德教育作为一个学科来建设，也曾经在《教育科学研究》杂志上就“心理－道德教育：中国本土化心理教育的探索”发表专栏文章。其中谈到“心理－道德教育是心理教育与道德教育交叉、融通、共生的准学科领域”[①]，心理教育与道德教育的结合能够“将道德教育的价值干预、价值导向与心理结构、功能的改变融为一体，构建融两种视域为一体的新的心理－道德教育学科体系”[②]。我就不太清楚，有什么样的前提或基础可以使其成为一个学科？比如说教育，它是一个学科，首先在于它是作为社会生活的一个相对独立的领域，然后有与这个领域相对应的，经过很长时间的研究和思考所形成的一个相对稳定的知识体系，所以称它为一个学科。它首先对应的是一个或一类实然的现象或者状态，然后有一系列的认识结果，这样就可以把

---

① 沈贵鹏．心理－道德教育的三重视域 [J]. 教育科学研究，2010（1）：30–33.

② 王丽荣，刘晓明．心理－道德教育：心理教育与道德教育的有机结合 [J]. 教育科学研究，2010（1）：34–38.

它当作一个学科来建设。道德教育作为一个二级学科——不管是几级，也是一个学科——它对应着人类社会生活的一种现象或者一个层面，也有相应的概念体系、范畴和认识结果。心理教育也可以说它对应着人类的一种现象，有相应的知识体系。但是心理－道德教育作为一个学科来说的话，是不是合适呢？是不是也需要有一个实然的对应现象，或者领域？怎样来界定它呢？我感到很困惑。

班：什么可以称得上是一个学科？不仅仅要有对应的问题。当然，要成立一个学科，研究对象要明确。研究的任务是什么？有没有独特的方法？进一步说，有没有独特的范畴和概念体系？如果这些都有了，是可以成立一个学科的。

孙：比如说研究对象吧。一门学科应该是对应一个独立的现象、领域，或是层面。现在心理－道德教育所对应的研究对象，会不会和这两者（道德教育和心理教育）之间存在重合，从而难说有独立的研究对象？

班：可能会有交叉，这不是绝对的。学科研究的对象就是心理－道德教育。有人会质疑：这太不单纯了，不是纯而又纯的心理－道德教育。那我要反问了：其他的教育是纯而又纯的教育吗？比如，美育能是纯而又纯的吗？道德教育能是纯而又纯的吗？如果是讲爱国主义教育，我就会讲到很多，比如爱我们的家乡，南京秦淮河如何如何，那这不是在讲地理吗？讲南京历史上有多少伟人，那不是在讲历史吗？所以，道德教育，实际上是从现实教育现象中抽象出来的。地理、历史知识都是道德教育的载体。尽管在实际道德教育的教学中，离不开历史、地理、文化等等各方面的知识载体，但是可以从中提取出来一部分，成为道德教育的研究对象。道德教育不是一个单独的、孤立的、可以与其他领域分离的领域和现象，而是某个现象的一个层面。所以，没有独立的现象相对应，不是心理－道德教育不能成为学科的原因。目前来说，可能（提心理－道德教育学科的）时机还不成熟。一是没有（明确的）研究对象，一是没有独特的研究方法。也许研究方法方面可以借助别的学科，但还是需要有一些独特的范畴、概念体系，这样才可以成为一个独立的学科。也就是说，（提学科建设要）看时机是否成熟，不成熟的话，那就是（这一学科还）在形成过程中。学科是一个发展方向。

孙：从研究对象的角度来看，是不是可以把心理－道德教育看作一个看问题的侧面或是视角？在教育生活中，是不是也存在这样一种现象，它既可以被称为心理教育，又可以被称为道德教育。比如您后来做的课题“关心教育”，可不可以说是心理－道德教育的对象呢？因为关心教育是基于人本主义去关心人，教孩子去关心别人、去体谅别人的主张，从道德的角度来说是教孩子去学会关心、学会处理人与人之间的关系。同时，它又很强调要会关心别人，知道别人需要什么，要有这种敏感性，知道怎么样去关心，在关心时不要导致相反的结果。所以“关心”既是一种道德品质，又是一种心理品质。心理－道德教育是不是要对应这样的教育主题？您觉得关心教育是心理－道德教育的一个典型案例吗？是它所对应的研究对象吗？

班：这个可以作为心理－道德教育的一个例子。但是在做这个课题时，从我的思想来讲，更多是做道德教育。尽管实际上我当时已经有了心理教育的意识，但还没有将二者联系起来，后面才逐渐将二者联系起来了。从内容上来说，它本身是综合的，即人文的、社会的、科技的内容都有了，“四个关心”的整个研究设计是我做的，还有丁沅老师、郝京华。其中有心理教育，有道德教育，也有科技教育。

孙：当初做这个课题时没有意识到心理和道德之间的关系？

班：没有强调，但有心理教育与道德教育的内容。

孙：现在回过头看呢？

班：回头看就很明确了。当时也有这个意识在里面，但没有那么突出。那个时候不强调它（心理–道德教育）。现在可以从不同角度去分析它。比如说生命教育，当时也没有强调，但实际上也涉及了生命教育。比如说吴江实验小学，面积很有限，靠近操场和校园的围墙有一块空地，因为太小了，没办法利用，后来就做了一个百鸟林。用铁丝网起来，在里面养了本地区的各种鸟类，让学生观察和了解。还有一块空地方，也不能做什么，就搭了假山，养了几只猴子，让学生观察，了解猴子习性，让孩子们喂食。这就是让学生通过观察多样的生命进行生命教育。

王：真的有猴子？

班：对啊，真的是从浙江买来的。我觉得做课题就要有做课题的样子，实实在在地做。我每年都要去好几次，暑假前后都要去的。学校地下也弄了沼气池，就是把所有空间都用起来，校园有一面墙，把它挖空，两边用玻璃封起来，里面是水，做成一个养鱼缸，供学生观察。

孙：这等于是把整个校园变成一个充满生机的场所。

班：对啊，不管学生走到哪，都可以看看，看看鱼是怎么活动的，大人走过也可以看看。这就把地下、地上、空中的整个空间都用起来了。还有就是在楼顶上搞风力发电和太阳能发电。有的人认为学校太小，就什么都做不了。我的观点和别人不一样。

孙：现在还这样做吗？有太阳能板这些东西吗？

班：现在就不知道了，已经很长时间了。我们是从1991年开始做的。1990年吴江区教研室找到我，想让我们帮着做课题，他们也准备了方案。但是后来我们重新弄了一个方案，最后选择了这个课题，研究“四个关心”教育。因为这是面向21世纪的教育，我们认为是最新的。现在还在讲生态教育、科技教育。关心教育，是永远不会过时的。

孙：老师，我还是没有明白，心理–道德教育究竟是看所有教育现象或教育问题的一个综合性的视角或者层面，还是说，它对应着一些独特的教育理念，比如关心教育中既有心理教育，也有道德教育。

班：这两种情况都有。比如说，道德教育是个学科，作为一个学科，在学校设有道德课。小学有品德与生活、品德与社会，中学有思想品德课，大学有政治课。但是同时，每个学科中也都有道德教育，上语文课也可以进行思想品德教育，上其他课也可以，是一样的。

孙：既然有了心理教育，有了道德教育，可以说任何一门课既是道德课，也是心理课。再提心理－道德教育，它的独特价值在哪儿呢？

班：那我问你：既然有道德课了，语文中为什么还要讲道德教育呢？物理中为什么要讲道德教育呢？不是一个道理吗？这就是说，让它发挥多方面的功能。目前来说，还没有形成一门专门的心理－道德教育课，但这个可以建设。首先，人们要普遍认识到心理－道德教育是有其独特性的。我现在年龄大了，如果再年轻一点，我就来搞心理－道德教育。当然我们也讲了心理－道德教育的审美化，也要把美育放进去。像南京五中做心理教育，各科老师都做，包括体育老师也做。体育课老师怎么做心理教育？因为人的生理、心理是紧密联系的，人的心理发展有它的生理基础。人的健康发展有生理基础，也有心理基础。有的运动员心理素质不行，平时练得很好，到赛场上输了。所以要培养他的心理素质，提高他的赛场心理适应能力，这是心理教育。要考虑他的心理会受到什么影响，能不能在训练时注意，从而让训练更有效。

孙：就是说着眼于教育策略和教育方式的教育心理。

班：把心理学的原理运用到体育过程中，这是体育心理。在体育过程中，培养心理素质，这就是心理教育。这两个不一样，容易弄混淆。前一段时间，《中小学心理健康教育》杂志社的副主编陈虹编写了一本书，让我给她写序。这本书是积极心理学影响下的一些思考，主张对人的教育要注意积极的方面。从这个角度来说，它是教育心理学；但是，通过激励的方式培养学生一些好的心理品质，这又是心理教育了。

孙：是哪个为主、哪个为辅的问题。

班：对了。我后来给她写了序，也没有细分这两个概念。为什么不分呢？绕来绕去也不好。心理教育是培养人的心理品质的，教育心理是将心理学理论运用于教育，包括运用于培养心理品质。

崔：我觉得江苏省教育学会心理教育专业委员会举办的心理－道德教育的高层论坛很不错，为我们深入思考心理－道德教育问题提供了一个很好的平台。对这个高层论坛，老师有什么想法呢？

班：应该很好地利用高层论坛，不要变成一般的讨论。我希望大家一起坐下来，把问题确定下来，围绕这个问题来深入思考。心理－道德教育怎么做得深入？与我们有什么关系？如果真的在这上面动脑筋了，一定有所收获；如果没有动脑筋，它也只不过是一个形式。不要求一次研讨会有多大的进展，但至少要前进一点。如果一点进展也没有，那就是白浪费。吃了人民的饭，拿了人民的钱，却没有干实事，那是形式主义。

孙：师兄是不是想让高层论坛成为一个沟通平台？

崔：我就是想，高层论坛能不能成为一个三方（学校实践者、研究者、社会工作者）的沟通平台。

班：论坛也要有好的主题，主题早确定后，给大家准备的时间。

崔：班老师，下一次主题能不能围绕责任展开啊？近来心理学也在思考责任，叶浩生和他的博士生写了一本名为《责任心理学》的书。责任也是德育关注的问题。

班：我考虑的主题是心理－道德教育与人生幸福。现在大家都在关注幸福。教育的最终目的应该是人的幸福。从当前来讲，孩子们被学习的压力压得太惨，心理教育要包括减轻心理负担。你讲的责任，也是一个方面。

崔：可以准备两个主题：一个是人生幸福；另一个是责任，心理－道德教育的责任感培养。还有一个问题：对心理教育的走向，老师怎么看？

班：走向不是一个人说的问题。按照我的想法，论坛应该在可能范围内解决一些问题。比如说要减轻学生负担。不是说减少学生的作业量，负担就能减轻了，这个我们也做不到。但是从心理教育的角度来讲，我们可以帮助学生提高学习能力，帮助他们找到正确的学习方法，提高学生的学习品质，这样就可以花少量的时间完成更多的学习任务。相对来说，负担就减轻了。

心育思想对学生的影响

孙：老师的学生里，做心理教育的还有哪些人？

班：刘守旗的《试论自我教育能力及其培养》[①]，连思源的《心育与德育》[②]，崔景贵的《解读心理教育：多学科的视野》[③]，刘文霞的《个性教育论》[④]，刘晓明的《视域融合：心理教育中的价值问题研究》[⑤]，还有沈贵鹏的研究。

---

① 刘守旗 . 试论自我教育能力及其培养 [D]. 南京：南京师范大学，1990.

② 连思源 . 心育与德育 [D]. 南京：南京师范大学，1990.

③ 崔景贵 . 解读心理教育：多学科的视野 [D]. 南京：南京师范大学，2003.

④ 刘文霞 . 个性教育论 [D]. 南京：南京师范大学，1997.

⑤ 刘晓明 . 视域融合：心理教育中的价值问题研究 [R]. 南京：南京师范大学，2005.

孙：沈师兄（沈贵鹏）来谈谈老师的心育思想对您的影响吧！

沈：我的心理教育研究的整个理论基础都是班老师帮助建构起来的。1998 年我到班老师门下读研究生，当时老师的心育思想已经处于成熟阶段，应该说，这也是我选择追随老师学习的原因。我本人对这个（心理教育）也比较感兴趣，因为我本来在盐城就是从事心理教育教学的，也做过心理咨询，建有心理咨询机构，做得还是不错的。后来选择论文题目时，我跟班老师有很多的讨论，经过了一个很长的思考过程。后来我和老师都觉得，可以从课程的角度来探讨心理教育，事实上就是在班老师的理论框架下做一些扩展。

孙：您做论文的时候，中小学是不是还没有开设心理健康课？

沈：中小学当时是没有的。1999 年教育部颁发《关于加强中小学心理健康教育的若干意见》后，各地才开始启动心理教育。当时也还比较乱，参差不齐。在老师的指导下，我的论文做得还是可以的，后来评上了江苏省优秀博士论文。毕业以后，我到华东师大去做博士后，最初我拟的选题是"心理教育的反思与建构"。开题时，有的老师认为这个选题太大，在两年的时间内搞一个反思和建构是比较难的。华东师大比较倾向于做实证、具体的东西。后来经过一段时间的思考，我也跟班老师进行了反复的沟通，从班老师已经做的研究中寻找一些灵感，最后决定从活动入手，研究学校的心理教育活动案例。我考察了 50 多所学校，包括上海的、浙江杭州的、江苏的学校，和主管心理的教师进行了很多交流，提炼出了实践中心理教育的经验，然后自己做一些思考，结合班老师框架中提出的一些东西，完成了这篇博士后出站报告。坦白地说，也就是从 1998 年到 2005 年，在这 7 年时间内，我受班老师心育思想的影响是非常大的。

孙：您的博士论文《心理教育课程论》，主要是理论层面的构想？

沈：对。我的《心理教育课程论》主要从哲学基础、社会学基础、心理学基础这三个方面来探讨，建构心理教育课程的体系。对其中的每个课程要素，从发展性和矫正性、显性和隐性这两个维度进行建构，对这个课程体系的每个方面都做了详细的探讨，对其实践路径也做了一些设想。

孙：在这一段时期的前后，您做了心理教育课程方面的工作，崔景贵师兄尝试了从多学科角度来探讨心理教育的范式。

沈：我后来还写了《心理教育活动论》。再接下来，班老师对心理－道德教育的探讨，对我也产生了很大的影响。结合《教育科学研究》的那篇文章，我提炼了五种心理教育模式①。其中第一种就是以班老师为代表的心理－道德教育。后面我和自己的研究生合作，也做了一些具体的研究，比如对耻感、责任感、敬畏感的研究，这些都是作为硕士论文，学生们也发表了一些有一定质量的论文。这些都是在班老师的心理－道德教育思路上进行的探索，包括我现在做的课题“公益性的培育”，也是立足于心理－道德教育来做的。这个领域范围很大，可以挖掘的东西也很多，在今后的一段时间内，它仍将是我们研究的一个主要方向。这些都跟班老师提出的心育思想，跟他不断本土化、中国化的心育思想的发展紧密结合在一起，或者说，我们的思想从来就没有分开过。

孙：刘师兄（刘晓明）有些不一样的体会吗？

刘晓明：我的背景比较特殊。我一直从心理学的视角来做心理教育，过去一直是停留在实证的角度上。在做心理教育的过程中，我慢慢地感受到，将实证研究得出的结论运用到教育之中，是有距离的，所产生的指导性也是有限的。现实中的心理教育实践也一直停留在低水平重复上。另外，中国的心理咨询、心理教育实践和西方心理咨询、临床心理学等，也是有着很大的区别的。这样就涉及两个问题：东西方心理教育的区别究竟在哪里？我们（中国）的心育理论应该

---

① 沈贵鹏．五种心理教育模式探析 [J]. 教育科学研究，2004（5）：43–46.

如何去建构？

在对这些问题的思考中，我学习了班老师的《心育刍议》《心育论》等，受老师的影响是从读这些文章和书开始的。读的时候就感觉到这是建构我们（中国）的心育学科体系或理论的一个重要的理论来源，感觉到从心理学的角度解决不了的问题，从教育学的角度是可以有突破的。我还有一个想法是，中国的心理教育，加上了“教育”两字就与西方不一样，就存在价值引导了。如果按照过去的思路来看，把心理与道德或教育结合起来，就失去了它原来的一些特征，别人会觉得它不伦不类。但是，看似不伦不类，这可能就是中国心理教育的特色，也是中国人的一种思维方式。心理教育仅仅站在心理学的角度来看是不够的，既然具有了教育的特质，也就要从教育的角度去加以把握。

带着这样的困惑与问题，我投到了班老师的门下做博士后，希望在老师的指导下，吸收老师的一些思想，去解决自己的这些困惑与问题。后来和老师商量选题时，老师觉得需要解决一些深入的理论问题，因而，理论的切入点成为关键。这个切入点在哪儿呢？哪一个问题对心理教育的学科体系建立而言具有更重要的理论意义呢？实际上，是老师帮助我确定了方向，即从价值的角度来探讨心理教育的最基本的理论问题。

后来在关注价值哲学的过程中，我发现有学者提到了“有价值、是价值和如何处理价值”等一些问题。在和老师再讨论的过程中，我感觉到，如何处理价值可能是个核心问题。心理学讲价值中立，不用自己的价值观去干预来访者的价值观，对自己的价值观保持一种警觉，这是科学主义的方法论，强调回避价值干预。而教育本身就是一种价值引领，这是二者冲突的焦点。我国心理教育应该有两种研究视域，一种是心理学的，一种是教育学的。在和老师不断沟通、交流的过程中，我感觉到老师所探讨的积极的、发展的、主体性的心理教育模式，实际上是站在教育学的视角上来探讨心理教育，也是心理教育在中国的一种创新。

那时我面临着很大的困难。我对教育本身是有些生疏的，很多东西都不太敢碰，不敢继续往下做。另外，自己一直以来从事心理学的实证研究，是一种微观的思维，现在要从宏观的角度来建构一个体系，是很担忧的。一是涉及对教育学科的理解，一是涉及思维方式的转换，当时真是没有多大信心来做。

但是我记得，每一次失去信心的时候，给老师打个电话，老师会马上把所有东西都放下，让我过去。我就去和老师聊。老师不断地给我指导，指出接下来的思路，告诉我怎么做下去。我回来就赶紧把记下的整理出来，再去找资料。实际上对我来说，这篇（博士后）报告的完成，不仅仅是一个研究成果，更重要的是让我形成了一种社会科学的思维方式，从老师身上学到了一种怎样为人师、怎样带学生的态度。老师对我们每个人的影响，不仅体现在学术研究上的成长，更体现在人格发展上的成长，这样的影响是伴随我们一生的。

第五章　我的班主任教育思想

成立班主任研究中心

孙：老师，我一直觉得有件事很奇怪。自新中国成立以来，班主任就是学校教育中的一个特别重要的角色，负责学生的日常管理，包括思想教育、集体主义教育这些非常重要的工作。从个人经历来看，如果有人问你的小学老师是谁，我们首先想到的往往是班主任老师。班主任对学生的思想道德成长和整体学校生活质量的影响是非常大的。但是非常奇怪，在德育理论研究领域，很少有人介入对这个话题的思考。老师您是例外，您深入这个领域几十年，做得非常好，让人肃然起敬。

我也接触过一些中小学老师、班主任，包括优秀班主任，多数人都是在自发地成长。有心的老师就会学习老教师或身边教师的经验，有的学校也有意安排老教师“传帮带”新教师，他们之间有横向的经验交流。另外一些接近您说的“自觉的教育者”，他们自己读书，做些初步的、尝试性的管理班级的实践探索，很少有机会得到相关的理论引导。所以您在一线老师、班主任心中是非常可亲可敬的大学者。不知道您为什么会进入对这个领域的思考？

班：这个问题是怎么谈起来的呢？实际上班主任很早就有，在解放区，新中国成立前就有了。解放区的学校每个年级有一位老师为主，过去叫级任老师，或级任导师。新中国成立以后每个班有一位老师为主，叫班主任，跟级任老师的角色、职能是一样的。我们国家对班主任的要求算是很高的。1958 年有个《关于教育工作的指示》①，明确提出来班主任必须“又红又专”。“红”指政治思想要好；“专”指专业发展要好。所以必须要从优秀教师中选拔班主任，做班主任是件很光荣的事。1950 年我到安徽去，到一所小学，当时叫我代课。这所小学有一位老师叫王守和，既是校长，又是我的工友。

王：这个学校只有一个老师？

班：嗯，过去教育不发达，而且很多孩子不上学。那所学校在哪里呢？在王家祠堂里面，一个祠堂就是一所小学，学生总共就几十个人。王守和是我们同一个村子上的，比较有学问，他既是校长又是老师，还是少先队辅导员（那个时候已经建少先队了），说明组织非常信任他。有一次他将全校的学生集中在一起，给少先队员讲话——过去讲“训话”。王老师也戴着红领巾，他个子虽然不高，但当时的情形让我觉得他很了不起，很羡慕他。

我国一直是重视班主任工作的，这跟我们一贯重视政治、思想教

---

① 1958 年 9 月 19 日，中共中央、国务院发布《关于教育工作的指示》，提出：调动一切积极因素，鼓足干劲、力争上游，多快好省地扫除文盲，普及教育，培养出一支数以千万计的又红又专的工人阶级知识分子的队伍，是全党和全国人民的巨大的历史任务之一。党的教育工作方针，是教育为无产阶级的政治服务，教育与生产劳动结合；为了实现这个方针，教育工作必须由党来领导。办学的形式应该是多样性的。全国将有三类主要的学校：第一类是全日制的学校，第二类是半工半读的学校，第三类是各种形式的业余学习的学校。

育的传统是一致的。南师大教育系有个重点学科——教育学原理。我当时是一名普通的教育学教研室的教师。当时教育学教研室的成员比较复杂：有教教育学的，也有教教学法、高等数学、教育统计学、教育史、教育哲学、教育经济学等课程的老师。基本上是教育这个专业的所有老师组成了一个大教研室，叫“教育学教研室”。当时系里还有另外两个教研室，就是“学前教育学教研室”和“心理学教研室”，一共三个教研室。教研室的老师们在一起要有教研活动，但是教育学教研室每个人有各自要教的学科，所以教研活动不容易有共同话题。当时所有老师在承担各自的系内教学任务的同时，也要承担公共课“教育学”的教学工作。因为师范大学所有的系都要学“教育学”这一公共必修课，所以教育学教研室的老师们都要兼教公共课“教育学”。于是我就想，大家能不能就“教育学”中的内容形成共同的教研话题？在“教育学”这门必修课当中，有两块内容是被各个系所重视的。一个是“教学论”，即教学理论，因为其与各学科教学相关；第二个就是“班主任”。于是我向教研室提出建议，把班主任作为教育学教研室的研究话题。当时教研室主任是高谦民老师，他是中国教育史方向的老师。他采纳了这个建议。当然只有他采纳还不行，还要教育系批准。所以就有一个申请流程，申请成立班主任研究中心。为什么要成立班主任研究中心？因为成立一个中心作为平台，这样教研活动就可以开展。另外活动也需要一点经费，可以从重点学科那里划拨一点过来。

孙：也就是说，在您的倡议下，南师大成立了班主任研究中心。班主任研究中心是哪一年成立的，还有印象吗？

班：大概是 1994 年。我记得 1994 年召开了班主任研究中心成立大会。

孙：您在《班主任》杂志上发表《论班主任的工作原则》是在研究中心成立之前吗？

班：在这之前。后来教育系批准成立了班主任研究中心，高谦民老师任中心主任。我们班主任研究中心成立会是在石城饭店开的，还请了当时的省教委副主任周德藩参加。当时的石城饭店在南师大后门口往工人医院方向，现在好像是没有了。

班主任工作研究的开展

班：这样就把（班主任研究中心的）架子搭起来了。既然成立了中心，就要申报课题，以课题为抓手推动教研室的研究工作。为什么叫我牵头呢？因为当时从职称上来讲我是高级职称，是副教授。从专业对口来讲，我是从事教育学专业的，跟班主任有比较多的接触。

后来我作为课题负责人，成功申报了“九五”国家规划课题，是教育部重点课题，课题名称是“中小学班主任与学生素质发展的研究”。为什么申报这个题目呢？因为当时正好有一个关于素质教育的文件下发，我们就定了这个课题。课题组获得了不少经费，我记得是1.5万元。这是非常多的，当时教育部的其他课题经费都是5000元。

我们很受鼓舞。这个课题获批了以后，就按照课题要求来做，不仅是教研室的老师参加，还有很多实验学校参与，结题时出了一系列的成果。参加这个课题的学校遍布全国各地，大概有80多所学校，除新疆、西藏、贵州这些地方没有，其他地区如浙江、湖北、广西、内蒙古、广东、四川等各地都有学校参加，影响是比较大的。江苏省如东（县）参加课题的学校比较多，成果也多，有正式出版的书。

孙：您那本《中学班主任实施素质教育指南》是不是在这个时候写的？

班：这本书就是这个课题的一个成果，是一套书中的一册。后来在这个课题研究的基础上，我协助南京师范大学出版社编写了一套班主任丛书，丛书的名字是“21 世纪班主任文库”。其中《中学班主任实施素质教育指南》是我跟陈家麟老师合作主编的，另外还有《小学班级文化建设》等。其他的书不是我主编的，但是都是课题组老师做的。另外一本可以称作代表作的就是《发展性班级教育系统》，这本书是我主编的，书的封面上署名是“班华等著”。

我把它作为代表性成果，是因为一些重要的研究成果基本在这本书中都有所体现。这本书的前言是我写的，第一编、第三编的第一篇文章是我写的。另外我请朱小蔓、杨启亮、成尚荣、李吉林每人写了一篇。第一编的题目是“素质教育和班主任理论”，第二编的题目是“班级教育系统”，第三编的题目是“班主任的自身素养”。

从改革开放算起，班主任研究出了很多成果，包括文章、书。有很多好的方面，但是我觉得也有一些不足。我大概列举了几条不足之处：第一，没有突出大写的“人”、主体性、发展性的思想著作；第二，没有合理的逻辑体系，基本上是班级工作中的问题汇编；第三，从研究方法上来说，演绎的方法多，就是拿一般理论来推导班主任工作应该是这样开展的；第四，经验性的总结多，提升到理论层面的不多。我们希望用归纳的方法，从班主任教育实践或者班级教育实践当中提炼概括出一些理论来。希望借此指出过去的不足，帮助我们思考下面的研究应该注意什么。

在“九五”期间，这个课题研究最重要的收获是什么呢？一是对班主任的教育职责、班主任的教育任务有了更全面的认识。我们这样定义：班主任是学校领导派到班级去的一个主要教师，他要负责组织、教育、管理这个班级。在班主任的诸多责任中，有一个核心，即班主任要关心学生的精神生活和精神发展。所以我们提出了一个后来有一定影响力的观点：班主任是学生主要的精神关怀者。这个说法影响比较大。2005 年天津王增龙主编的《走进心灵》，副标题就是“精神关怀是班主任教育劳动的核心内容”；2006 年浙江省温岭市教育局编印了三本精神关怀的资料，分为教师篇、学生篇、学校篇；行知小学[①]的一次研讨会也以此为中心议题。当然也有人讲班主任就是学生的精神关怀者，这个说法不全面。难道其他老师就不是学生的精神关怀者吗？这些不同意见，我未作正面回答，其实看看我的原文就明白了。

第二个很重要的收获是提出了一个概念：发展性班级教育系统。班级组织要从系统论的观点来理解。班级组织本身就是一个系统，它的功能是教育，也可以讲是班级教育系统。这个教育系统有许多子系统。所以我们提出一个思想，就是班级教育系统由很多子系统组成。哪些子系统呢？我们从一线班主任提供的 50 多种子系统中挑选出了几种基本的、主要的因素，分析其内在联系，从而构成现在班级教育系统的整体。前面加上“发展性”，强调为学生的发展服务。这里有一个极重要的思想就是凸显了“人”这个主体，强调教育是主体性、发展性教育，简单说是“主体－发展性”教育。

关于班主任的教育角色、班级教育系统，我在 1999 年的一篇文章中基本上已进行了系统阐述——《班主任在促进学生素质发展中的特殊地位、作用和操作系统》[②]。发展性班级教育系统由几个子系统组成。其一是教育的目标，班级本身要有明确的教育目标。其二是班级教育实施系统，这是很重要的一个子系统，包括班级教学，班级教学不是班主任工作特有的，还包括班级活动——班级活动就是各种各样的教育活动，还有班级管理、班级文化建设等。其三是学生素质发展

---

① 指江苏省南京市浦口区行知小学，位于江苏省南京市长江北岸、南京长江三桥之畔的江浦街道行知路。多年来，行知小学发扬伟大的人民教育家陶行知先生的奉献、创造精神，实践陶行知生活教育理论。

② 班华．班主任在促进学生素质发展中的特殊地位、作用和操作系统 [J]. 教育理论与实践，1999（10）：10–15.

评价系统。其四是班级教育合力系统。班级教育合力包括班主任、所有科任老师、学生，以及学校所有的领导，甚至是所有学校职工和校外教育力量。我画了一个图（见图 4），把这几方面的关系表示出来。

为什么叫发展性教育系统呢？这是班级的目的。班级的目的是人的发展，是学生素质的发展。

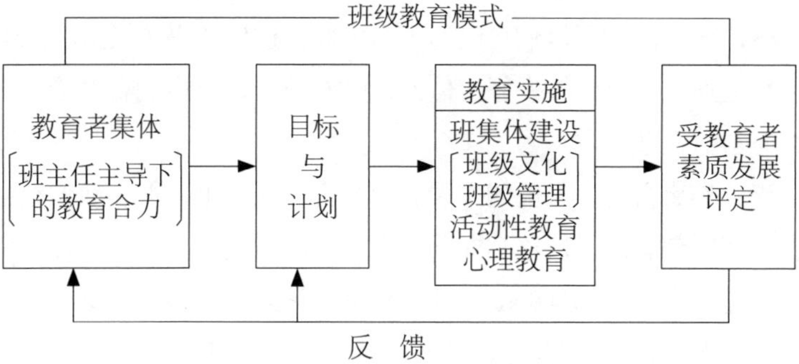

图 4　发展性班级教育系统

图片来源：《班主任在促进学生素质发展中的特殊地位、作用和操作系统》。

孙：这个非常难得。关于班主任的理论研究非常少。德育理论研究圈很少有做这个问题的研究的。

班：课题研究的一个根本指导思想就是“以人为本促进学生全面发展”。《发展性班级教育系统》明确提出了现代教育与传统教育最大的不同之处，就是现代教育突出了“人”，突出了主体性、发展性。我用“主体 – 发展性”来表述现代教育，就是以人的发展为根本的教育，人是目的。这是课题的根本指导思想，是编写这本书的根本指导思想，也是班主任从事班级教育的根本指导思想。书名前冠以“发展性”三个字，各个大小标题都尽可能体现人的发展性的精神。

“21 世纪班主任文库”是一套丛书，包括大学、中学、小学的内容，有很多本，都遵循这个指导思想。

孙：这样的书，对中小学老师来说比较实用，他们能看得懂。

班：据我所知，现在有的老师，比如北京的一些老师，还在读我们的这套书。

孙：做理论研究的人比较少关注班主任这一领域，就算提到也只是原则性、理念性地提一些。这些对于中小学老师来讲不适用，不好理解，很难落实到他们自己的工作里面。这样的书（指这套丛书），对一线老师来讲就比较友好，他们自己看得懂，对他们有理论引领作用，非常适合他们。

班：你讲得对，一般的中学老师都喜欢这套书，很多他们教学工作中的问题都有涉及。这套书不属于（课题）成果，但在另外一种意义上也是这个课题的延伸成果。这套书的策划组织，我都参与了，也提供了很多跟我做课题的人的研究材料，这样就有许多人都参与这套书的编写。

孙：所以您在中小学校有很大的影响，我以前真的是不知道的。我原来只知道您在江苏省的中小学有影响力，原来以为老师只是亲切、和蔼，大家愿意跟您交流。实际上是您带动他们一起做了很多年的实践研究，在研究中对他们的工作有了实际的推动。而且时间上还是比较早的，在 20 世纪 90 年代的前期。我看 1992 年您就在《中学教育学》一书中专门论述了班主任工作原则，然后到这一个系列的书出来是 20 世纪 90 年代中后期了。是吧？

班：我在 1999 年有篇文章，写的是班级和班级教育操作系统（前面提到过的）。当时我的思想中已经明确了两点：一是对班主任角色有了认识；二是班级教育系统。

孙：是这篇《班主任在促进学生素质发展中的特殊地位、作用和操作系统》？

班：就是这篇。这篇是较早的，那时我就把这些观点公之于世了。

孙：就是那个时候，像您说的，用系统论的方法来思考班级建设问题和班主任工作问题，这个认识是非常超前的。

班：而且讲班主任是学生的主要精神关怀者，也是在这篇文章里提到的。

孙：对不起啊！我真的今天第一次认识到老师在实践中的影响是由这么多研究成果来支撑的！

重视班主任工作研究的原因

班：我为什么重视班主任工作呢？说实话，就是刚刚你们讲的，从理论界来看，很少有人关注班主任研究。为什么少呢？这也是由现实的原因导致的。比如，关于班主任研究的文章发在什么刊物上可以算作研究成果？这个就比较难。包括在南师大也是这样，因为不算研究成果，所以没有人愿意花时间研究这个领域。

孙：现在也有这个问题，只有发在某些指定的刊物上的——这些刊物的认可度比较高——才算科研成果。

班：不，就算发在这些符合要求的刊物上，只要是关于班主任主题的，都不算研究成果。

孙：这样吗？关于班主任工作内容的研究就不算科研成果？

班：不算研究成果，很早的时候就是这样的。班主任研究中心申报了重点课题以后，这个问题才有些改变。原来班主任研究不算研究成果，因为班主任研究被看作应用性研究，不被认为是学术成果。

那我为什么关注班主任工作呢？我是这么理解的：理论要与实践相结合，班主任工作、班级教育正是承上启下的一个中介。这是一个想法。从研究方法上看，要把班主任当作班级教育的一个细胞，通过这个细胞认识教育的矛盾。教育的所有矛盾，在班级教育中都有反映：师生之间的矛盾、目标要求与学生现有水平的矛盾、同学之间的矛盾、目标要求和教育方法的矛盾等。所有教育的基本矛盾都发生在班级里面，所以研究班级对理解整个教育是非常重要的。教育研究不能只从一般的理论来推导演绎，还要从教育实践中概括。还有一个原因，研究班主任，实际就是研究素质教育。我的课题是“中小学班主任与学生素质发展的研究”，研究班主任工作，实际上就是研究如何进行素质教育。研究了如何进行素质教育，就研究了班主任如何做好班级教育。这两点是从不同的角度进行的研究，实际上研究的是一个问题。所以，我认为要重视班级教育的影响，重视班主任的影响。

更进一步讲，班主任是中国教育的特色。当然别的国家也有班主任，比如说苏联。中国的很多东西实际上是从苏联学来的。苏联有一本书，是凯洛夫写的，就叫《班主任》。苏联的教科书中都有班主任这个主题，还有很多别的国家也有。但是大多数西方国家没有班主任这个角色。所以在某种角度上，设置班主任也是中国教育的一个特点。

总的来说，我重视班主任研究、班级教育，主要是基于两个理念：第一，班级教育是整个教育的一个细胞，一个基本单位，教育的所有矛盾在班级教育中都有体现，通过研究这个基本单位，可以认识整个教育；第二，它是中国教育的特色。但是，很多人不重视班主任工作研究。尽管（这个领域）现在已经被重视了，但是程度还不够。

我也很清楚我做的两个研究都是不受重视的。一是心理教育。教心理学的人可能认为我是个外行，又不是学心理专业的，把筷子伸到人家碗里去干什么？从事教育研究的人讲，把自己的田种好就行了，不要种别人的田。种了人家的田，荒了自己的地，何苦呢？二是班主任研究，花的时间比较多，也是吃力不讨好的。早些时候，班主任研究论文又不算研究成果，但是我花了不少时间。关于这个课题，我们在《南京师大学报》上有个专题，就是这个课题的结题成果。

孙：这是目前的学术生态。班主任是有中国特色的教育现象，在这个教育现象中，凝结了各种矛盾和各种问题。在方法论上，可以通过研究这样一个特殊的、问题密集度比较高的教育现象，实现对教育实践的研究。甚至可以说，班主任是理论研究者进入学校生活场域的门卫。比如说你们（指研究生）去哪个学校见习或者做研究的话，最有效的途径就是去找一个班主任，跟他商量能不能到他的班里去听课，可不可以去观察、研究你思考的问题。你不一定要去找校长、找科任老师。科任老师只能答应你听他的课，不能答应你参加班里的其他活动，因为这个班是在班主任管辖范围内的。所以说班主任是进入教育生活和教育场域（不管你做研究也好，还是学生也好）的一个主要的关口。

所以，如果说德育研究原来遗忘了这两个领域的话，只能说德育研究的视野过于狭隘了，而不是您溢出了自己的研究领域。这正是老师的研究可贵的地方之一。

班：谢谢你的表扬啊（笑）！

孙：我是由衷的！我一开始就是这样考虑的：做新中国第一代德育学人的口述史。因为这一代人见证了新中国的成立，从新中国的学科建设一直到人才培养，对当前的教育产生了重大影响。老师您是这代人中有代表性的。我觉得老师代表了新中国平民阶层出来的新兴知识分子。所以在老师的身上，凝结了关注现实、关注平常生活的品质。包括您讲的心理教育和班主任问题，在理论界很少有人研究，但是您做了，为什么？您刚才讲了您的想法。但是我觉得除了您所讲的，您的研究选择是和您这样的一种学术生命特征联结在一起的：实实在在地去接近中国教育的问题，而不只是跟着理论研究的走向，追随理论研究的热点。正是这种接地气的学术品格，带您突破了原来德育研究相对狭窄的视野，探察到了两个被遗忘的领域。这是老师的研究的可贵之处。

班：我赞同你的观点。（笑）我为什么赞同呢？一个原因，我确实是家里比较困难的，而且不是一般的困难，后来父亲在外面工作了，才逐渐地转好。第二个原因，我的确比较关注对实践的用处，这可能真的跟我的成长经历有关系，我比较务实。

班主任工作专业化

孙：老师刚才讲的内容奠定了班主任工作的基本理念，后来老师发表的关于班主任工作的文章就相对集中到了“班主任专业化”问题上来。班主任的专业化，是跟教师的专业化同属一类的概念，还是有独特的内涵？为什么要强调班主任的专业化呢？

班：我对班主任专业化问题的关注，有一个缘起。我们有一个民间班集体建设研讨活动，每年一次，已经连续举办了很多年。有一年在天津开会，首都师大的王海燕老师提出班主任专业化的问题。这个概念在班主任研究圈里是她第一个提出来的。

后来准备班集体建设研讨会时，无锡的唐云增老师问我“班主任专业化”这个提法怎么样，能不能作为柳州会议的主题。我当时非常明确地回答：“很好的，不但可以做主题，而且是很好的主题。”这样，柳州会议就以“班主任专业化”作为会议主题。当时，柳州的承办方非常重视这个研讨会，在会议前就出版了《班主任专业化的理论与实践》。当时天津也有人做了这个研究，形成了一个内部印刷的书稿，没有正式出版。柳州的老师让我为他们的书写一篇序，我觉得有些为难。因为实际上我当时还没读过他们的书，自己对这个问题也没有多少深入的思考。后来我就写了一篇文章：《来自实践的教育智慧——感谢班主任》，他们就把它作为“代序”放在了正文之前。这篇文章谈了班主任专业化问题，此后班主任专业化越来越被人重视。柳州会议之后，《人民教育》杂志在浙江开了一次班主任的研讨会，柳州市的有关领导参加了，浙江当地的领导也参加了，班主任专业化的影响就越来越大。

班主任专业化与教师专业化有什么关系呢？班主任是教师当中一个特殊的群体，因为它有特殊性，所以可以讲有它自己的专业化问题。这个特殊性最重要的表现是班主任的职责和操作系统与一般老师是不一样的。（一般教师）共有的操作系统，比如教学，所有的任课老师都要承担教学任务，通过教学来对学生进行教育。除教学以外，一般教师跟学生的接触就比较少了，最多还有跟学科相关的课外活动。比如物理老师，如果班上有物理兴趣小组，可能请物理老师来做指导。但是班主任不是这样。班主任除教学以外，还要负责组织各种各样的班集体活动，比如说班集体建设、班级文化建设。班主任负责组织、管理、教育班级的工作。这类活动，任课教师可能参加，也可能不参加，根据具体需要。但班主任基本上都是参加的。特别是班级的日常管理，比如学生日常行为规范的管理、班级文化建设，涉及很多学校行政工作的内容，任课老师不一定参加，但是班主任要参加。家访，涉及跟家长联系，一般班主任做得更多。班主任的家访也更侧重了解学生的整体发展情况，注意形成班级教育合力。班级日常管理的工作，比如任课教师不一定管理得到的地方，班主任出于职责就应该管理。每一个班级子系统的建设、组织、管理中，班主任都是必不可少的。这相对于一般教师而言是特殊的。

对班主任的专业化，我特别强调发展性，因为要做素质教育。班级评价是看学生的发展，即使学工科，也要进行评价。但班级评价不是一般的评价，不是评价你考多少分（这种评价一般的学科老师也做的），而是要评价学生的综合发展情况，即评价学生身体发展得怎么样、思维发展得怎么样、德性品质发展得怎么样。这个评价不一定是要考试，也可以通过观察或写评定的方式进行，比如写创新性评语。写学生的创新性评语，任课老师可以参与，班主任是必须参与的。班级教育的整个系统是班主任的特殊的操作系统。

班主任的专业发展要注意的另一个问题，是对一些问题要有正确的认识。比如我讲以班主任为首的教育者集体是班级教育的主体，也是工具。有人对此不太理解。我后来通过比喻做了一点解释。班级教育也是一种活动，是教育活动，实际上是精神生产，它跟物质生产不一样。比如，工厂的工人操作机器，工人是生产者，是主体；机器是生产工具。农民种田，农民是生产者，是生产主体；各种各样的农具，包括锄头、钉耙、现代化机械，这些都是生产工具。这些都属于物质生产领域，主体和工具分得很清楚。但是在精神生产领域，在教育领域，主体和工具是一体的。教师既是主体又是工具。比如说（老师）要教育学生关心他人，老师要做给学生看，老师自身是直观教学的工具。直观教学不是要很多教具吗？老师要做示范、做榜样。教学生要诚实，老师首先要诚实，有错误就要承认。教育合力是教育的综合力量，其中人也是教育的力量，既是教育者又是受教育者。所以在特殊的班级操作系统中可以包括主体。

孙：是不是可以这样理解：老师的言行构成了学生学习的潜在课程。如果说课程是一个途径，或者说是学生学习的对象的话，那么从这个意义上讲，老师就是学生的课程。

班：我就是这么理解的。比如说教育内容，我们要学生爱集体、关心别人，就要以我们的人格体现出来。教材通常是用文字写出来的，而我作为老师，用自己的人格、行为体现出来。

孙：老师的话让我想起了有个小品中关于服装模特的说法：低级的服装是用模特来展示的，高级的服装是用活人来展示的（笑）。是不是可以这样理解：在教育中，文本的教材所提供的学习内容呈现的是静态的文化，而在思想道德教育中，可能对学生产生重大影响的，恰恰是活生生的载体。

班：是人格化的教育要求和内容。载体就是人，是班主任自己。

孙：那可不可以说，教师的言行、仪表作为一种教育内容，与文本的教育内容的一个区别，就是它是人格化的教育内容。

班：是这样的。文本的内容可以讲，但关键是要看老师的“行”。找一个贪污犯问他贪污是不是不道德，他肯定讲贪污不道德，但是他的语言是无力的。老师自己爱劳动、关心别人，这就是对学生的教育。德育应该更加重视人格的影响、人格的感染，而不是单纯的理论上的说教。当然，提高学生的道德自觉，也要讲理论。为什么要这样做？要（让学生）在理性上提高认识，应该是这样。但是很多东西，特别是对儿童的教育，最重要的不是讲这些道理，而是做给他看，要求他照着做。

孙：那我是不是可以将老师刚才讲的问题看作对班主任岗位的一种新的阐释呢？也就是：班主任这样的岗位，要求把自己作为一个人格化的教育内容存在。这是班主任岗位的特殊要求。

班：这倒不是，对其他老师也有这种要求，比如语文老师。这不是特殊要求，特殊性不体现在这里。

孙：特殊性在于班主任在整个系统中为首的地位，对吧？

班：对的。班主任占主要的地位。为什么叫班主任？从字面意思来讲，因为（这个岗位）是主要的。

孙：主任——肩负着主要的任务，是这样吗？

班：我是这样理解的。班主任是班级教育的主任教师，是这个班级的组织、管理的主要责任人。所以他是班主任！

孙：班主任就是班级的主要责任人。

班：当然，其他人也有责任。班主任是班级的主任教师，最重要的一条是，他们是在班级里贯彻教育方针、实现教育目标的主要责任人。国家有一个总的教育目标，学校要遵循总的教育目标，明确把学生培养成什么样的人。那么这些目标、方针怎样贯彻实行呢？要靠所有的教师、所有的职工，甚至是学生，在各自的岗位上，以自己的方式来共同实现这些目标。班主任是班级中贯彻落实目标的主要责任人。班主任很重要！离开班主任，这些目标很难实现。虽然班主任的作用范围只是在自己的班级中，但贯彻的教育目标是全校性的，甚至全国性的。所以研究班主任工作非常重要，这也是一个重要的角度。

现在有的学校做了各种改革。昆山的一所学校创新出“德育小组”。德育小组——按照现在的话讲就是教育合力，包括教师代表、社区代表、家长代表。它的问题在哪呢？就是德育！德育小组！就像有的人说的，德育是个筐，什么东西都往里面装。实际上不需要这么做，这是一个问题。还有的学校搞副班主任。

贾：我们那边（山东）就有副班主任。就是两个班的班主任相互是另外一个班的副班主任。比如说一班的班主任是资深的老师，二班的班主任可能是刚去的新老师，像师父带徒弟的师徒制。

班：这也是一种。南京仙林外国语学校组建了班级教育小组，有学生代表，有任课教师代表，有家长代表。我觉得它有两个问题。一个问题是它没有社区代表。当然，这个学校也有实际困难，他们讲：“我们是新校区，很难在社区找到人。”但在我看来，社区代表也很容易找到。比如，他在这个区的范围内工作，就可以请他做社区代表。还有一个问题就是：班级教育小组里每个人都有很高的津贴。这需要经济保障，所以推广不起来。

现在大家都看重经济效益了。比如老师代课的事。某个中学的张老师因病请假了，请李老师来代一下课。这本来是个老师间的互助行为，但在学校管理中是这样做的：李老师给张老师代课了，给李老师一定的代课费。这样一来，以后所有人代课，都要给代课费。其实原来老师并没有想要代课费，学校管理这样处理，导致老师对代课费的欲望（需要）就产生了。欲望是被刺激出来的。上个世纪（20 世纪）50 年代初，我在老家看见少先队辅导员讲话时，很羡慕他、敬重他。因为我觉得这个人政治觉悟高，组织信任他。他有津贴吗？没有！那么多年下来，做班主任很辛苦但没有特殊津贴。现在在管理上给班主任津贴。实际上这个做法就会刺激工作的功利动机。为什么要给呢？一个理由是班主任的工作量多了。我觉得这个理由不成立。工作量多可以通过调节来平衡。比如说教一个班的课，同时要做班主任；要教两个班的课，就可以不做班主任。（20 世纪）八九十年代各学校普遍实行班主任津贴制度的时候，芜湖市第一中学就没有班主任津贴，但班主任工作做得也很好。

孙：现在估计都有了（笑）。

班：没有津贴，靠什么来调动积极性呢？靠荣誉，精神方面的激励。你是一个很好的老师，我才选拔你做班主任。能做班主任是一件很光荣的事。也可以有别的（精神激励方式），比如组织班主任参加有意义的研学活动。这样别的老师就会羡慕他，愿意去做班主任。形成习惯后，大家就不在乎津贴了。给班主任发津贴，越刺激他们，越容易产生攀比心理。老师们总觉得有的学校给的更多，觉得自己付出多、回报少。班主任工作就成了一个挣钱的事。

孙：也就是说，您主张用专业水平来确定教师的岗位，用专业发展或者是专业荣誉的方式区分教师内部的分工，用发展的机会来激励教师，而不是用经济或功利的方式。

班：我认为两方面可以结合起来。某些方面可以用经济手段，有些方面不要用，有些方面不需要用。因为用经济手段至少有两个后果。第一，强化经济思维：不给津贴，或者津贴少，就不干或少干。第二，弱化其他老师的教育责任：我不是班主任，我不管。某个学生有问题，明明是在某课堂上发生的，但某老师不管，只是告诉班主任这个学生又怎样怎样了，让班主任去管。其实，每个人都有职责——

教书育人。除这个以外，在认识层面也会造成后果。班主任管什么？管德育？错了！班主任是管全面的。认为班主任是管德育的，也会造成一种错误的认识：因为班主任管德育，所以学生有什么问题就找班主任。

王：这样反而增加了班主任的工作量。

班：不只增加了班主任的工作量。班主任管不了就找德育处：这个孩子调皮得不得了，我已经做了工作，效果不大，就交给德育处。把德育处弄得像公安局似的（笑）。有的学校把德育处弄得很滑稽，什么人能在德育处工作，你们知道吗？是体育老师。身强力壮，你能不服？所以学校无形中把德育的性质改变了。这都是些不合规律的事情，德育本来是要进行心灵沟通的啊！

孙：把“心”的问题转变成了“体”的问题，把精神的问题转变成了暴力和权威的问题。

班：是这样的问题。的确有学校这样做。

孙：老师讲的这个蛮有意思的，可以从教育社会学的视角深入研究：学校这个公共教育场所、工作场域，如何转换成了一个具有暴力暗示的场所；心灵的教化如何转变成了教育权威或暴力控制。教育权威转变成一种强权、一种控制、一种威胁。如果不听话的话，学生有可能面临着体罚。身强力壮的体育老师，使德育处掺杂了暴力（威胁的）暗示，心灵教化在这里异化成了暴力逻辑。你们（研究生）做论文，就应该研究这样的教育问题或教育现象，从教育中的小事入手，用一个独特的理论视角去开展研究。老师您觉得这样的题目有价值吗？

班：很好啊。我虽然年龄比较大，但对教育还是比较关注的。就刚才这个问题，我也想写个小文章。它实际上就是把德育的性质改变了。包括那个现代化的上课点名方式[①]，还被作为一种先进做法来宣传，真是匪夷所思！

孙：老师，我可不可以这样理解：班主任岗位的设计，实际上是在中国这种特殊的学校生活当中，进行德育以及日常管理的一种重要的方式举措。班主任，是中国学校的一个特殊构成要素，是以学生工作以及班集体建设为主要职责的。班集体建设也是针对学生的道德成长以及群体共同成长的，是吧？现在讲班集体可能承担着中国现代公民教育的职责。在班主任这个特殊构成要素中，德育的成分比较浓。

班：但是班主任的工作是全面的，不只是德育。

孙：那么，老师觉得什么样的班主任算得上是专业化的班主任呢？

班：这跟教师的素质有关系。班主任是教师团体中的一个特殊群体。其实，所有的老师都是特殊的。全校的语文教师也是一个特殊的群体。各有各的专业化要求。比如，作为语文教师，对语文教学要特别专业，而不是一般程度上的了解；作为物理教师，就要对物理教学有专业化的素养。班主任有个特殊的教育操作系统，对其职责也有特殊要求，这就是班主任工作专业化的核心内容。物理教师的专业化，不仅要求其掌握一定的物理知识和基本技能，而且要擅长物理教学，外语、语文素养弱些没关系，但是物理教学一定要内行。因此，不同的专业教师有不同的专业化内容。

孙：所以班主任的专业性，一方面就体现在班主任对其职责范围内工作的擅长程度上？

班：就是说班主任要特别擅长管理班级和教育学生。假如说班主

---

① 这里是讲南京某高校的点名方式。2012 年，南京某高校的一个学院新推出一项上课点名法——拍照查缺。每节课上课前，学习委员会拍摄教室里老师和到课同学 360 度的全景照，课后将照片上交给学院，学院根据照片“揪出”缺课的同学。这被同学称为“史上最严”现代大学点名方式。

任是学生的精神关怀者，那在这方面就要特别擅长。对班级教育操作系统的各个方面，班主任也都应该会操作。一个物理教师可以不会组织班会，但是班主任必须擅长组织班会，这样才能够把班级学生发展的积极性都调动起来。

孙：也就是说，班主任要有特殊的组织能力？

班：对。也包括一些相应的知识，如同物理教师在物理方面的知识储备要比其他学科老师更多。作为班主任，在班级管理、学生管理、班级建设方面的知识要比其他不是班主任的老师更多、更专业。

孙：班主任也是教育者，除了知识和能力系统外，班主任作为“自觉的教育者”又会有哪些体现呢？

班：在专业方面，班主任应该更加能够自主地学习，明白班级是什么，自己在班级中扮演什么样的角色。也就是说，班主任要有班级教育的自觉，对自己角色意识的自觉，对怎样能够更好地管理班级有管理的自觉，还包括跟学生交流与交往的自觉。我们刚讲到的上课点名的例子，就是缺少教育自觉。“自觉”是要提升到理性高度来思考问题。从教育理论来讲，就是要提升到教育哲学的高度，才叫作教育自觉。如果没有达到这个高度，就还是自发地或者是盲目地在做。比如，人家搞班级活动，到雨花台去扫墓，那我也带学生去；上级领导要求，我就去搞个活动。自己没有深入地思考：为什么要让学生去扫墓？学生是否能真正受到教育？怎样做才能让学生真正受到教育？班主任应该很自觉地认识到这些问题，而不是人家怎样，我也怎样。简单模仿，就是缺少自觉。

孙：“自觉”这个概念涵盖面很广，一方面是理论认识上的哲学高度，另一方面是在这个过程中的自主学习和主动探索，对自己所从事的专业和工作有积极探索的动力，有时也像是一种对教育的情怀。这个比较抽象。最常见的一种思路是：班主任应具备什么样的专业素质？比如专业知识、能力，还有职业道德，如热爱教育、爱学生。

班：班主任应该具备的素质，也是“自觉”的一部分。

孙：如果“自觉”被分为知识、能力、教育爱，好像又不能体现“自觉”特有的意思了。

班：教育自觉就是指教师的行为具有教育哲学的高度，或者说有非常明确的教育理论指导，受自己的教育信念、教育观的指导。这是主要的。至于教师有教育情怀、爱学生、能力强，这是所有教师都应该具有的素质，是受到他的教育信念、教育哲学积累水平（影响）的。教育自觉指理性的东西，不是具体行为，但是所有教育行为应是在教育哲学指导下的行为，是相对于“自发”“盲目”来说的。老师心里非常清楚，之所以这样做，是基于某个教育理念、教育信念。对教育的热爱，不一定是自觉。母亲很爱自己的孩子，但是她的爱可能缺乏自觉，而是一种类本能的爱；老师很爱自己的学生，但是如果不懂得怎样去教，不懂得学生的发展规律，不懂得教育的发展规律，那也不是自觉的教育者。

孙：热爱教育是否可以被纳入教师的专业素养里呢？作为和教育自觉并列的一个部分？

班：（沉思了一会儿）对教育的爱和教育的能力，是教师应当具有的素质，是一种专业素养。如果一个老师不爱自己的学生，怎么能做好老师呢？但他的爱应是理智的爱，不是溺爱。师爱与母爱融为一体，理性与感性融为一体，这是老师的教育爱。

孙：但是具备了爱这种基本的素质，还不能是一个自觉的教育者，“自觉”应该是个更高的层次？

班：（自觉）是有哲学的高度，在教育领域内就是要达到教育哲学的高度。我们刚讲的一些做法都是不自觉的，比如讲代课费的问题、班主任津贴的问题，都没有深入考虑它的哲学意义，都是不自觉的。

孙：我刚刚发现，虽然叫班主任操作系统，但它的内涵不只是操作层面的，而是一个比较系统、理论性比较强的班级教育体系。而且这个研究还是比较早的。老师对这个（班主任）的研究确实是做得很前沿、很深刻的。

发展性对于班级教育的意义

孙：还有一个问题，就是发展性对班级教育的特殊意义。老师一直非常强调发展性的问题：在德育思考中，（强调）主体的发展性；在心理教育中，提倡发展性的心理教育；在班主任工作里，也强调发展性的班级教育系统。老师为什么会在不同的部分、不同的问题中一直关注“发展性”这个问题？班主任的发展性，同其他方面的发展性内容相比，有没有什么特殊的地方？

班：班主任的发展性对于班级教育的意义有两层意思：一个是班主任自身的发展，一个是学生的发展。

任何课程都是为了让学生有所发展。教给学生知识，知识就是一个载体，学生只有掌握了知识，才能发展。比如数学课，让学生掌握数学知识，这有利于学生的抽象思维的发展；又如学习文学，对学生的形象思维有好处。但是，对学生的教育不能止于掌握知识。仅仅掌握数学知识是不行的，应该要发展学生的抽象思维，发展他的兴趣，发展他的创造性，等等。仅仅停留在知识表面的做法已经有很多深刻的教训。比如搞奥数竞赛，中国学生二十几年来参加国际奥数比赛，经常拿到金奖、银奖。但是这些得奖的人，有几个后来成为数学大师？有的人拿了金奖，反倒没有了对数学的兴趣。他们没有从学数学中得到乐趣，反倒觉得数学太可怕了。这种现象说明这种教育形式没有重视发展问题。对学生来说，最重要的是发展，不是得什么奖。

从教师本人来说，也要重视发展。教师就是先学了一步，在某些方面知道的比学生多一点，而在某些方面可能还不如学生。所以，教师的专业化一定要注重向自己的学生学习。在儿童教育理论中有许多著名的论断，我是深信不疑的。比如说“儿童是天生的哲学家”“儿童是成人之师”“儿童是成人之父”等等，这些论断是非常精辟的，我非常赞同。这也就是说老师本身也要不断地发展。我强调发展性，就是指不能停滞不前，这是不行的，教师也一样。

从人类学视角来讲，人是未完成的。人和其他动物不同，其他动物的一些能力在母体里就形成了，人不一样。人的很多基本生理机能要到后天，也就是出世以后才能发育成熟。人的心理发展也是这样的，起初还没达到成熟的阶段，要逐步发展。

从社会发展的视角来说，人要不断地前进，不断地学习新的东西。只掌握过去的东西还不行，因为不断有新的事物、新的学问出现。一个人不能认为自己什么都懂了，不可能什么都懂。比如做教育学，至今我都不能说什么都懂了，这只是举个例子，实际上我离什么都懂的程度差得太多了。即使我懂得很多，也不是什么都懂了。我明显感觉到自己的知识缺陷，即过去接触的很多知识对我而言都是生疏的。教育史虽然学过一点，但是学得太少太浅了，而且随着岁月的流逝，很多知识也被遗忘了。有很多新的知识我还没掌握，很多新的领域我根本没接触过。有的新领域，我只知道一点皮毛。比如，网络非常重要，它作为一种新媒体对教育也非常重要，但是这个我就不懂。

孙：老师强调德育的发展性，或者发展性的班级教育工作、发展性的心理教育，是因为这个领域的发展性很重要，还是因为发展性对于教育本身是很重要的？

班：教育本身就是要发展人，在某种程度上说，就是促进一个人的成长。

孙：实际上从教育本身的含义来讲，比如说学科教学，也是要有发展性的。在德育、心理教育，或班主任工作中，强调发展性有没有什么特殊的意义？

班：的确，教育本身就是为了人的发展。为什么要强调它呢？因为有许多误解或不明确的地方。比如，有人认为教育就是在教知识，发展不发展不关我（教师）的事；学生调皮犯错误了，我就要找班主任，班主任如果没办法就去找德育处，学生再出了事就不关我的事了；学校办得好不好，要看学校的升学率怎么样；某些学科教学好不好，就看学科的分数，如果这个学科的分数超过了南京市的平均分，那就说明这一学科的教学质量高，而学科能力发展得如何，就被忽略了。现在很多评估就看升学率，是很不符合教育本身的道理的，是不考虑发展性的。教育的培养目标是什么，实现的程度怎么样，这才是评价的基本思路。这次数学考试同学甲考了 90 分，同学乙考了 95 分，由此就能断定乙的数学比甲好吗？不能！这里有很多误差，一次考试成绩也不能代表总体水平。另外，分数本身带有主观性，是人定的。升学率也一样。一个学校只抓升学率，只把一部分人集中一起好好“吃小灶”，最后升学率是提高了，但放弃了大部分学生。另外一个学校升学率不高，但他们的学生普遍都得到了较好的发展。哪个学校更好？不能简单地拿升学率来评价学校发展得好不好，应该看所有学生的素质发展情况，而且学生的素质发展情况也不能仅仅看当年的，应该是看长远的。比如，这个学校五年前毕业的学生，现在到各个行业、各个岗位工作，他们的素质怎么样？用这个来衡量学校办得好或不好，才是应有的标准。现在的教育病是重视表面的东西，这个学校升学率是 20%，那个学校是 50%，大家就简单地认为 50% 那个学校更好。实际上，那个学校学生的道德品质可能一般，或体质很差。评价标准错了，导向也就错了。现在为什么学校都把体、音、美放在次要的位置上？为什么连小学生都认为这些是副科呢？就是升学率评价误导的结果。实际上，从人的一生来看，身体多重要！从做人来看，心理、品德才是非常重要的！

班主任研究的问题与不足

孙：现在班主任研究中的热点问题是什么？研究中存在哪些问题？有什么样的发展趋势？前面说到，班主任研究在整个理论研究之中是比较边缘的，有很多人对其有偏见，觉得班主任研究不是什么高深的学问。通过跟老师的聊天，我发现这个领域中实际上有很深刻的理论。但是从学校组织管理来讲，班主任是学校管理工作中的一个核心角色。由于班级是学校的基本组织单位，班主任工作显然非常重要，学校管理者实际上是非常重视班主任的。这是理论中冷、实践中热的反差，也是非常有意思的一个教育现象。上次讲到了发展性班级教育系统的问题，在班主任研究中还有哪些理论问题呢？老师再给我们上上课吧！

班：首先要承认，近二十年来班主任研究开始受到一些重视了，也出版了一些书，相关论文发表得也不少。但是，也有一些问题。第一个问题是没有真正地重视人的问题，没有重视一个大写的“人”，没有重视主体性、发展性，没有“以人为本”。这是我在书里明确提“以人为本”的原因。

孙：老师，这个“人”是指班主任，还是指教育中的人，包括学生等？

班：这个“人”是指学生，也指班主任。因为老师和学生之间既是平等的关系，也是互相影响的关系。教育过程实际上是师生共同参与的过程，在这个过程中，（师生）相互教育和自我教育，共同提高，应该是这样的。后来我也看到了一些人的研究，更加坚定了我的这个想法。华南师范大学的一个教授提出“生本教育”，影响非常大，《中国教育报》上也宣传过，在实践中也有影响。无锡滨湖区的吴伟昌老师多年来就做“生本教育”，还特别做了“生本德育”。

“生本德育”实践研究有两个主题，一个是“生本德育”，一个是“以人为本”。他各写了 2 本书，让我帮他写序。我首先是肯定这个“生本德育”，认为“生本德育”就是“以人为本”在德育中的具体化。但是我不好意思说他，我认为“以人为本”还应该包括教师，因为我理解的“以人为本”应该更广一点。成都市锦西外国语实验小学就非常明确这点，李其玉校长提出“以生命为本”的办学理念。“以生命为本”，也就是“以人为本”。当然，“以生命为本”更宽泛一点，不限于人的生命，但实际上还是“以人为本”。她讲的“人”除了指学生外，也包括教师，包括所有的教职工，都在她的“生命”视野范围内。每一年，她都要给所有的教职工写贺卡，完全是手写，要写一个星期。校长要给学校的后勤人员写张贺卡，而且不是一般的套话，讲“新年好、家庭幸福”之类的，而是个性化地讲你的业绩，讲何月何日你做的什么事对学校做出了重要贡献。她这个“以人为本”不是做到家了吗？所以教育中“以人为本”的“人”绝对不是仅指学生。深圳市滨海小学的“以人为本”也是包括学校的教职工的。我在（给吴伟昌的）序言中也强调了这一点，但是我也不否定“生本德育”中的（生本）主要指向受教育者。

另外一个问题就是班主任的职责究竟是什么。对这个问题的认识至今还是片面的，很多人认为班主任的职责就是管理班级。首先，管理和班主任的职责不是相称的，班主任的职责更广泛。我以前写文章就提到：班主任是学校派到班级里来组织、管理和教育学生的主任教师。说“组织”是一种“管理”也可以，但教育跟管理之间是有区别的。如果说班主任的职责只是管理班级，就把班主任工作的职责简单化了，因为管理和教育不是一回事，所以这个概念就有问题。这个认识问题相当普遍地存在。尽管管理也可以是有教育功能的，但不能将其和教育等同起来。

孙：也有人说，班级管理实际上是为教育服务的，是为了更好地实现教育这一终极目的。

班：管理是个手段，我在发展性班级系统里明确地说过，其目的是教育学生、发展学生。但是应该把管理和管理主义分开，管理不是要约束学生，把学生管死，而是要解放学生、发展学生，为解放和发展学生创造条件。这是我的管理观。管理是一种积极的工作，管理本身是有教育性的，如果把这两个混在一起就麻烦了。讲服务育人、管理育人，说明管理本身是一种服务性的工作，管理是服务，其目的是育人。现在有人说班主任就是管理班级的，这话有对立面，而且不全面，没有把最重要的东西拎出来。

孙：我的朋友昨天跟我讲了一件事，跟这个非常相关。她的小孩丁丁的班里，有个非常强壮的孩子爱欺负人。她的孩子丁丁比较文静，不会跟人打架。那个小男孩经常欺负丁丁。昨天丁丁上体育课回来，走在后面，比较慢，老师就让这个调皮的孩子去叫他，结果那孩子用力拉扯丁丁，丁丁就抗拒，那个男孩子就咬了丁丁。后来到了教室，那个男孩子还打了丁丁。有同学去告诉老师，老师说不管，你们长大了，自己的问题自己解决。丁丁自己没有办法对抗别人的欺负，老师也不管，他很生气，也很委屈，又没有办法，后来就用头撞墙，出现了自虐的倾向。我的朋友为此非常焦虑！

班：这就是错误的管理。

孙：这是不是管理主义？表面上看，让孩子们自己管理自己，好像也是培养孩子们的自主性。但是在这件事上，显然是不对的，问题在哪里呢？

班：管理不是把学生管死，也不是放任学生。从某种程度上讲，这件事中老师的处理是一种放任。一定要区别开来。管理和管理主义是不一样的，同时也要他（学生）守一定的规矩，不能放任。让学生自己管理自己没有问题，但教师也需要对学生进行引导。班主任有引导的作用，要善于引导学生。人家说“教育无小事”，如果弄得不好就会出大事。

孙：所以我认为，哪怕是在管理中，教育也是更为根本的任务。

班：管理是为了教育人、培养人、发展人。她（前面提到的班主任老师）的那个想法，让小孩自己去学会解决问题是对的，但是放任是不行的。教师应该引导学生自我管理、相互调解。老师如果不重视，以后可能会出大问题。某某中学有个孩子的极端事件，就是因为老师在一些小的事情上处理得不恰当，日积月累，最后爆发了。刚才你讲的这个事例中，老师在班级管理、班主任职责认识上都可能存在一定的误区。班主任工作非常重要，也非常复杂，要做好是非常不容易的。但是，我也听另外一个小学校长说，他的学校家长中有人认为班主任工作是简单劳动。

孙：这真的是误解，班主任工作不是简单劳动，做好这个工作非常需要有教育智慧。

班：对啊！我后来在做讲座时就讲：班主任工作不是简单劳动，是最复杂的劳动。班主任哪能对孩子说你自己去管理自己，然后就任由他们去做？哪有这么简单？学生的成长需要老师引导。班主任的工作，一举一动都对孩子产生着影响，不是积极的，就是消极的影响。实际上，刚说的案例中班主任的行为就对丁丁的心理产生了消极影响。

为什么有的孩子会产生不想上学的想法，或者干脆逃学？因为上学对他来说有威胁，没有趣味。严重点的，孩子会逃学或离家出走，更严重的话，会出现一些极端行为，包括自杀。因为无助，尤其是年龄小的小学生，更需要关爱。如果老师不管，同学也不帮助，家长也发火，孩子精神上没有任何支撑，就会非常危险。

孙：这是一种以给孩子自由为名的不作为。上述案例中的班主任可能觉得没出什么大事，就采取不管的方式。也有的班主任会把管理孩子的事情交给家长，孩子在学校里有什么情况，就告诉家长，好像就完成任务了。

班：管理不是消极的事。认为“只要不出事就可以”是不对的。当然更不是告诉家长就可以了，这都是消极的处理方式，或者说没有很好地尽到班主任的职责。前面我们谈到过，我在《中学教育学》中写了，以前在《班主任》杂志上发的一篇文章也讲了：班主任不仅是这个班级当中的主要教师，也是在班级中贯彻教育方针的主要教师。很多研究班主任工作的人没有提这个问题。比如说一个教育方针、教育目标怎么实现，学校里的领导有责任，但是它的实现必须通过整个学校的教职工，特别是老师，而在老师中特别要通过班级教育，通过班主任来实现。班主任工作的观念非常重要。

孙：我也是小学生家长，孩子在学校的经历让我明显感觉到，把班级工作仅仅定位于管理是有偏差的。我同意教育应该是班级工作的根本。

班：是的，教育是班主任工作的根本，班主任也负责组织、管理。组织和管理也不完全是一回事。管理当中有组织，但组织呢，可以不管。就像刚刚说的丁丁这个班级，老师把学生组织起来了，谁坐那里，谁坐这里，这属于组织工作。学生出了问题，或者坐在那里怎么样，老师不管，让学生自己去解决，不出事就行。所以说组织和管理不完全是一回事。教学和管理、教育与管理也不完全是一回事。按照管理的定义来看，管理是按照一定的目标制订计划，执行计划，然后检查计划，它是有一个流程的。而教育呢，是教育者和受教育者相互作用的过程，是让教育者更好地实现教育目标的过程。这两者是不一样的，目的不一样，过程也不一样。

还有一种较为普遍的误解认为班主任就是做德育、管德育的。也有的人虽然观念上认为班主任应该管全面，但是在实际工作中，可能就只管德育了。而且不仅是班主任这么认为，其他任课老师也这么认为。比如说物理课上某个学生表现不好，作为物理课老师本来也应该管，可是他觉得这不是我管的，找班主任告状，说你们班某某同学上物理课怎么不好。因为他认为科任老师不负责管学生，这是班主任的事。

孙：是的，在实践当中，甚至是理论当中，存在着对班主任工作的各种各样的片面理解。那班主任工作到底怎么样做才能有点成效呢？

班：班主任工作确实有难度。这个难度有班主任自身的因素，也有整个大环境的因素，就是整个教育生态的问题。班主任自身认识的问题也有很多，如上面谈的观念误区不少。前年我列过班主任工作中的一些问题，不下 20 条，当然不仅是关于班主任的。比如刚刚说的把班主任工作等同于班级管理，或者等同于管德育，还有师生关系问题。师生关系也是一个非常基本的问题，不知道诸位怎么看。教育纲要上面写的“教师是主导，学生是主体”[①]，我不太赞成这个提法。主导是对受导而言的，主体是对客体而言的，这是两对矛盾。不能把两对矛盾的某些方面——这个矛盾的这个方面，那个矛盾的那个方面——合在一起讲，它们不是对应关系。可以反过来想一下：教师主导，那学生就是受导；学生是主体，那教师是不是主体？教师也是主体！在不同层面上，教师是主导，也是主体。那学生呢？是教育客体，是受导，但从另一方面看，学生也是主体。虽然一般地说教师是主体，但从某方面来看教师也受教育实践的影响，受学生的影响，

---

① 2010 年颁布的《国家中长期教育改革和发展规划纲要（2010—2020 年）》指出，以学生为主体，以教师为主导，充分发挥学生的主动性，把促进学生健康成长作为学校一切工作的出发点和落脚点。

教师也是客体。师生是互为主客体，而不是教师主导、学生主体这么简单。

表述得不好会带来很多问题。在 20 世纪五六十年代，我们学习凯洛夫的《教育学》，强调教师的主导作用。那个时候，我们也同样学习《矛盾论》。《矛盾论》中讲得很清楚，事物的发展内因是根据，外因是条件，所以内因是非常重要的。实际上这个说法也不完全准确，更准确的说法是：内因是根据，是它内在的动力；外因是条件，是事物发展的条件，如果说是动力，那它是外在的动力。教师是主导的说法在一定程度上否定了学生作为自身发展内因的根据和作用，不是吗？存在矛盾吗？存在。怎么办呢？一个调和的办法，就是讲教师主导，学生主体。这是这个说法的历史形成过程。实际上要把事情的性质分清楚，不能说哪个主要，哪个次要，因为会产生出内因主要还是外因主要的问题来。这个说法把这个问题看成了影响程度的问题，内因是主要的，因为影响程度大；外因是次要的，因为影响程度小。这是从量的角度上看问题。但实际上内因是根据、外因是条件，它讲的不是量的关系，而是性质的问题。在性质上它是内因、是根据，外因或条件本身也是在说作用的性质。一个事物要发展，既要有内因也要有外因，它是内外因共同作用的过程。如果问哪个影响更大，那就把问题想偏了。因为这是性质，不是量的关系。

孙：也就是说它们属于不同层次、不同角度的问题，所以不能简单地比较。

班：性质的问题，不能简单地用数量来区分，在某种程度上讲就是不好量化。另一种说法，有个人在一种条件下成为科学家了，所以说外因很关键，外因占 70%，这也是错的。这不是回答作用大小的问题，而是回答性质问题。讲到这里我就想到：现在很多做法偏向量化，以为量化的就是科学的，这也是错的。包括班主任管理中的评分：学生迟到一次扣多少分，拾金不昧加多少分。很多学校这样做，有时候我们可以看到报纸上的文章也是这样宣传和报道。好像打分数、量化就很客观科学，实际上从确定分值开始，就已经是主观的了。为什么拾到 10 块钱交还主人加 5 分呢？假如说拾到 100 块，要加多少分呢？这不是数量问题，是质的问题。

孙：现在主流的看法，就是老师主导、学生主体这个说法多些。也有人说双主体，但好像也有问题。

班：这是普遍观念！但是我觉得仔细推敲的话，还是不合适。

孙：这种说法不能让问题变得更明晰，反倒让大家更糊涂，甚至有误导。

班：会有误导，而且经不起推敲。教师是主导，那教师是不是主体？如果是主体，你为什么不写呢？你说学生是主体，那学生是不是教育对象？教育对象是客体。

孙：可不可以理解说，用这种主客二分的思维方式来理解师生关系是不合适的？

班：也不完全是主客二分（的思维方式）的问题，关键看怎么分。实际上是以不同的参照点来讲主导和主体，现在笼统地讲，就不对。比如这堂课怎么教，我有我的安排，这时候教师不是主体吗？如果说这是主导，把主体忽略掉，那我就要问他是不是主体？他如果不是主体，怎么能起主导作用呢？从形式逻辑推，我觉得就有些问题。学生学习，学生有能动性，是学习的主体。老师教了这个课，学生要认真思考，认真完成作业，学生是主体，是学习的主体。这是从一个意义上讲。学生的学习活动也会反作用于老师，在这个意义上讲教师也是客体，也是受教育者。学生在很多事情上也会教育老师的。《学记》里就讲教学相长，孔子说“三人行，必有我师”，这三人中说不定就有学生呢！“弟子不必不如师，师不必贤于弟子”，古时候就有这种说法。所以这是一个复杂的实践，不能把复杂的实践简单化为学生主体、教师主导，不能这样简单地概括。

孙：这的确是需要深入思考的问题，也是对班主任工作的误解。老师对班主任工作的理论思考很深入，我以前都没有认真思考过这些问题，真是惭愧！理论界除了老师以外，也没有看到还有哪些人在班主任工作上做系统的理论研究。

班：是这样的。近几年关于班主任工作的书和文章都相当多，而且有了专门刊物、网站。但是我觉得还有一个问题，就是这些所谓的研究，实际还停留在经验总结的水平上。我也参加过一些班主任的培训，虽然讲得不多，但是也讲过几次，结果发现：班主任最爱听的是什么讲座呢？就是怎么解决他们的具体问题。班主任怎样转变一个“差生”，怎样开好一次班会。他们认为这样的内容对自己很有用处。而理论的提升，他们不感兴趣。

但注重理论提升，这个事是最重要的。我听到过两个例子。一个例子是南京某中学有个老师要转变一个所谓的“差生”，就给学生过生日，想感动他。另一个例子是浙江温岭某中学有个班主任，也给学生过生日。实际上都是模仿别人的做法。因为他们听说帮学生过生日受到学生欢迎，大家觉得很温馨，是个很好的教育方式。温岭的老师做得就很成功，而南京的老师做得应该讲是失败的。原因很简单，就是简单地模仿人家。南京这个学生的问题时间比较长，平时班主任工作进行得非常困难，学生和班主任老师在心理上有隔阂，事先也没有做心理准备。老师策划全班给这个学生过生日，蛋糕买来了，全班都知道了，就这个学生不知道。结果这个学生看到蛋糕，当场对老师说：“你想用这个方法收买我，办不到！”

但是温岭这位老师办得非常成功。为什么呢？因为他不仅仅非常在意学习他人的经验，学习具体做法，还有理性的深入思考：为什么要过生日？这个就非常重要。老师有深刻的认识，有真诚的心，具体怎么说、怎么做都是在他的理性指导下进行的，所以能够真的打动学生。同样的，有的班主任非常提倡爱学生，但是怎么爱？实际上有的班主任爱得也不一定恰当，因为缺乏一定的理论作指导。

孙：为什么班主任没有自觉地学习这些理论，这些理论怎么没能进入班主任工作这个层面呢？

班：当然有班主任自身的问题：他们更愿意学习具体方法，解决具体问题。但是学习不是简单地模仿，真正的学习是要理解为什么要这样做。这才是最关键的。这就是前面讲过的教育的理论自觉，做自觉的教育者。班主任要做一个自觉的教育者，要能思考我应该怎么做。这样就比较好。班主任往往非常希望能够马上解决面前的问题，希望能够得到一些具体做法的指导。实际上按照教育理论分析，就要考虑这个班的“差”到底表现在哪里，难道都差吗？有没有积极因素？有哪些积极因素？我以前去常州一个职业技术学校，有个老师负责学生教育工作。他跟我讲，职业技术学校的学生素质差，他总是奚落学生。我跟他讲要看到学生好的方面。还有，跟学生讲话，不能总是用消极的态度，而是要用积极的态度对待人家、鼓励人家，要在理性上有个分析认识。

比如，转变一个班级，人家的经验可能很成功，但是为什么成功，要把这个道理弄清楚，而不是简单地模仿。魏书生叫学生起来唱歌[①]，一个中学老师模仿他也这样做，结果不成功；一个小学老师模仿他，结果也没有成功。为什么？因为没有把握唱歌背后的东西。魏书生为什么能成功？因为背后有理论支撑，模仿的老师只看到了唱歌这个外在表现，没有看懂唱歌背后的理论。用科学的、合理的教育理念来指导教育行为，这是非常关键的。通俗地讲是什么人做什么事，概括地讲就是相由心生、境由心造。出去散步时，我经常看人行道上

---

① 魏书生的个案处理个性化的教育方法中有“犯错误者唱歌”的班级规定：学生犯了很小的、没有深刻思想动机的错误，便给大家唱一支歌。这种纠正错误的方式，增进了师生、同学之间的关系，淡化了学生的逆反心理，调节了班级的气氛。

的问题，这个地方不平、那个地方有一块砖活动了。为什么做得这么差呢？很简单，就是工作人员做事的心态问题。“把这条道铺上，我的任务就完成了，就可以拿到工资了。”如果他心里这样想，他就急躁，只想着工资就弄不好。他心里没想路铺不好会怎样，走在这条路上的人会怎样！

所以，人所做的事实际上是其心理的反映。我们讲字如其人、文如其人，同样，什么样的班主任培养什么样的学生。关键问题，是要发自内心地去做一件事，要有深入的思考，要懂一定的道理。就是要有教育自觉，做个有内在自觉的班主任。

孙：上次教材编写的讨论会上，有位老师说：现在的评价不鼓励人把事情做好，不鼓励人多做事。为什么呢？原来大家觉得做班主任是很神圣的，是领导重视。现在大家生活条件好了，工资也提高了，觉得当班主任要多做很多工作，但是只多拿一点钱，不划算。为什么要做班主任？大家不追求做一个对学生负责的老师了。

班：这是非常危险的，就是没有自觉了。做班主任，要把班主任工作作为自己的一项事业，要希望把自己的事情做好，在做事的过程中获得乐趣。现在不是这样，是从钱的角度考虑：我钱够花了，还费那么大力气干什么？

孙：对啊！有的班主任就想：“为什么要去做自觉的教育者？很累的！怎么做都拿这些钱，只要是班主任就有这个固定的津贴。为什么要费那么多心思？那多傻啊，那么累！”

班：自觉的教育者首先就是自己愿意，爱这个工作。没有这个前提，根本谈不上是自觉的教育者。

王：可能也不是不爱，他觉得没有必要，从别的老师那里得到的经验就已经够了。

班：他还没有觉悟到班主任工作的价值。

孙：他就觉得，本来我不想做，做不做无所谓。现在让我做，我就做吧，别人怎么做我就怎么做。他就不会把这个当作一回事，不去追求把它做好。

班：这里头有个问题是教师尝到了教育的甜头了没有。据我所知，有的人主动要求做班主任，不是冲着班主任津贴。大家都知道魏书生，他就是这样子，他是主动要求做班主任，至少在他开始做教师的时候是这样的。他看到人家做班主任工作，觉得很有趣，所以就跟学校领导讲，主动请求做班主任。

这种人可能在减少。现在的一种社会心理病，就是急功近利，再放开讲就是求权求利。很多社会病的根子都在这上头，很多社会乱象就出在这上头。

孙：没有办法唤起大家对一件事情的内在追求，这是个很令人头疼的问题。比如说像刚才讲的，教师有没有感受到教育的内在魅力，有没有体会到教育的内在价值，认为这个东西本身是有魅力的。比较少的人这样去理解。现在人们普遍的想法就是这件事情能带给我什么，特别是能带给我什么物质层面的东西，而不是说我看到这个学生在自己的影响下真的有了变化，有了成长，他一生可能会走上很好的道路，由此产生价值感，有一种发自内心的快乐和安慰。他不认为这是值得努力追求的事情，不认为这是有价值的事情。

班：昨天还是前天的《扬子晚报》讲了哈佛大学用多少美元把南京一个中学生招去的事①。这是什么问题？报纸的报道你们可以看一看，就是宣扬升学主义、分数主义。《扬子晚报》是南京市非常重要的报纸。它讲这个学生是“中考状元”，强调中考“状元”。“状元”这个词本来就是封建时代科举考试用的词，借用这个词也可以，但是

---

① 2013 年 3 月 30 日的《扬子晚报》以《南外马子喻被哈佛录取 南京 5 年走出 6 个“哈佛大学生”》为题报道了南京外国语学校高三（1）班的马子喻被哈佛大学录取并获得奖学金的情况。

它后面渗透着精英主义的观念、“人上人”的等级主义的观念。媒体用这个词，实际上代表了媒体的价值观。介绍这个学生参加什么赛，获得了什么奖——这就是锦标主义。后面讲她放弃了北大，去了哈佛，觉得她很了不起，很荣耀。

这不怪她，当然作为她自己来讲，也应该反省。这就是整个教育大环境，所以讲德育生态环境要优化。我给《中小学德育》杂志的文章的开头，就写了几个字给他们：“优化德育生态，让道德生命自己成长。”人实际上是自己创造自己。

孙：说来说去，最关键的是教育怎么样去唤醒学生自觉地去追求一些内在的东西。

班：教育就该启发、唤醒，这不是一个方法技术层面的简单问题。为什么讲到去哈佛的这个例子？它的片面性在哪里呢？一个是宣扬了哪些价值导向，虽然没有用分数主义、锦标主义。但是它倾向、暗示和肯定着这些价值。还有，怎样全面地看一个人？这样的宣传就是在讲只要你学习好就行。这就是无形的、隐性的作用。

其实一个人成才与否，最终成为什么样的人，内因仍然很重要。外界只是为其创造条件。

孙：关键是要懂得自己所承担的是什么样的工作，像老师刚才一直讲，职业的职责、定位。要想清楚，手上这份工作是什么样的工作，会影响多少人，而不只是考虑给自己带来一点工资，不只是考虑自己怎么在这个圈子里活着。关键是这些孩子在你带的班上学习过，会有一个什么样的生活状态。归根结底，就是对工作有没有这种沉甸甸的责任感。

班：每个教育者都应该意识到这一点。像刚刚讲的，学生在课堂上不守规矩，就去找班主任，这就不对。因为这样的老师就没有意识到在这件事情上自己也有责任，其实这正是承担“教书育人”任务的每个教师不可推卸的责任。没有意识到这一点的老师就会去找德育处、找班主任。

孙：现在很多老师是这样想的，这个问题比较普遍。学生在课堂上没认真听讲，他首先觉得是学生不遵守纪律，其次是觉得学生自制力差，然后得出结论或者印象：这个学生有问题。他想不到或不想，这个孩子在发展中有这些情况，我该怎么帮他；只想到这个学生是在捣乱，怎么让他不捣乱。

班：首先想到捣乱。还有，帮他的出发点是什么，也要审视一下。

孙：对啊，有的老师会向家长告状，言外之意说你的孩子讨厌，你没有管好你的孩子，这首先是情感上的抵触。而且他觉得你这个孩子总给我找麻烦，家长对不起老师。他根本没有意识到这样的孩子是需要关心和帮助的。正是因为有这样的孩子，才需要有老师。如果每个孩子都能自主自觉地学习，老师的工作也就没有那么重要了。

班：所以最重要的是要有教师的使命感。当然这是一个很难的事情。就是要爱孩子，要爱自己从事的工作，工作才能做得好。爱是前提条件。

孙：现在这个前提处于危险中。所以“爱的唤起”确实是教育中非常重要的事情。怎么能够让教师从心里真诚地理解教育工作的意义，让教师觉得这件事情就是我必须做的，是不可推卸的责任。不考虑其他因素，而只考虑把这件事情做好，就是追求这个事物或实践的内在德性。这真是件很难的事情。

班：“内在德性”！有了内在的东西，人才会感到真正的幸福！

第六章　我和学生们

学生是我幸福的源泉

孙：曹世敏师兄让我代他问个问题：这次心理－道德教育高层论坛探讨的主题是“幸福”，您觉得自己的人生幸福是什么？

班：我的精神生活是快乐的、丰富的、有意义的。有意义是做事不能只想自己，也不只是为了钱。比如人家给我劳务费，有时是因为按规则办事，就收了。这多半是讲课费，推来推去也不好。但是有时我就不要。不要也是有理由的。比如到农村小学、聋哑学校讲课，我就不要。为什么不要呢？为残疾人做一点贡献是应该的，我就不收。正常的劳务费，也是劳动价值的体现，收下有时会让我感到满足，也是一种对自己价值的认可。

孙：您觉得人生比较满足的是什么呢？

班：我对我的一生还是比较满意的，从方方面面来讲，还都挺好的。我是一个农民的孩子，从安徽农村到南京来上学，一路走下来，我还是比较满意的，当然也遇到了一点儿挫折。但是说实话，过去了就过去了，没有什么抱怨，有些事情是一定历史时期中必然发生的。人的经历也是一种财富。

王长乐：我觉得班老师有个最大特点：不贪，能随遇而安。

班：我讲过“班主任教师的幸福”这个题目的讲座。我觉得我的幸福当中很大一部分来源于学生。

刘晓明：今天做心理－道德教育（研究）也是在讲怎样才能得到幸福，实际上就是一句话：拥有幸福的秘密就是减少对幸福的需求。不要有太多欲望，珍惜已经得到的。这就是幸福。

班：我总开玩笑说，很穷的时候发愁没得吃（我基本上没有遇到这个问题）。现在物质生活好了，我也为吃发愁，因为不知道吃什么。

王长乐：班老师说他从小就喜欢当老师，我提供一个时代文化背景作参考。在老师生活的那个时代里，教师本身就是道德文章，教师在农村人眼里是很体面的人，既是国家人，又是文化人。我们小时候，觉得教师是美德的化身、体面的化身，是人们很信任的标志。所以，老师当时想当教师的理想与现在的学生想当教师的理想，在内涵上是不一样的。

班：王长乐的（博士）论文“自主性德育”这个题目，我觉得是很好的。我很重视主体。人的发展，内因是自己。事物发展的根据是内因，外因是条件。我也承认外部条件很重要，但这种重要性是量的问题，是程度问题；而我强调的重要性更在于质的问题。所以，我非常在意“自主性德育”这个题目。我从长乐那里学到很多。他很早就提出了“教育腐败”这个问题，刚开始主要是指教育领域内的贪污现象，后来我自己有些领悟，“教育腐败”不止这个。“教育腐败”是指教育本身弄得不对头，教育生态出了问题，比如作假，这就是教育腐败。我从他那儿学来很多。

王长乐：班老师对我持有一种宽容、包容的态度，老师对我的支持就是默默的。我的情况比较特殊：上大学之前在部队待了十年，在农村待了十年，在工厂待了十年，只上过一年初中，就上了大学。我自己有个毛病，可能跟成长的艰苦道路有关系。我的个性非常强烈，心中没有任何权威。班老师对我非常宽容，比如我的论文选题，现在看起来没有问题，但当时与主流的价值倾向不完全一致。当时主流是讲服从，我却提倡自主。班老师对我的选题是非常宽容的，而且在论文具体内容上也给予我很多帮助。我经常去老师那里，他给我拿出很多跟我的选题有关的报纸、书、文章。我很感动！刚开始没想到班老师会支持我做这个题目，我的表达也完全是个人化的，没想过老师能不能同意。老师的关注、宽容体现在对我默默的理解和支持里。直到现在，我还是喜欢以反思与批判性的视角看待教育现象与问题，有时问题提得非常尖锐，班老师都没有阻止我。这让我感觉找到了心灵的知音，非常欣慰！

学生的家人也是我的家人

孙：今天来之前，我在“班门弄斧”微信群里发布了公告，请大家讲述自己上学期间学校生活中的一些印象深刻的事情。

曹世敏师兄说了一件事。前段时间他爱人生病了，有一天，您二老（班老师和夫人郭老师）竟然意外地去他家看望！让他感动了很多天。兰兰嫂子（曹世敏的爱人）生病的事，我也是后来知道的，也想去看望一下。我曾试着问师兄家的地址，他根本不肯告诉我。后来费了很大劲，辗转几个人也找不到确切地址。老师居然找到了地址，而且和师母两个人都去了。曹世敏师兄很感动！在我们看来，毕业了这么多年的学生的家属生病了，你们这么大年纪还去看望。我们都觉得这已经完全超出了老师和学生的关系。

班：你说的这件事情，实际上是很正常的。因为兰兰平时也和我们交往的，你说她是（学生）家属也可以。曹世敏来我家时，有时候她也来，经常是他们两个一起来的。

郭：曹世敏读硕士的时候，他们就谈恋爱了。他们谈恋爱时就经常到我们家来，从那个时候起我们就和兰兰认识了。兰兰对我们也挺好的，有时候讲话就跟对父母讲话一样，总是说“要孝敬你们”一类的话，让人感到很亲切。听说她生病了，我们去看看她，这很平常……

孙：是啊，你们觉得很平常，在他们看来，是很令人感动的！时间过去这么久了，还一直感动着！同学们（比如宋晔、匡瑛、刘守旗）跟我说了很多类似的事情。刘守旗师兄说，有一次你们到南通去参加一个活动，活动间隙的时候，你们特地去看望了他的岳父岳母。我觉得这是很少见的做法。如果学生生病了去看看，这个可能会有的，但老师去看望学生的岳父岳母，这非常少见。您和他的岳父岳母没有太多交往吧？

班：那没有，我们去看望他们，是因为刘守旗在那里啊！

郭：我们和小钮（刘守旗的爱人）也比较熟悉。

班：一般的话可能不会特意去看望。因为小钮家在海门，当时我们正好到海门开会，很难得。刘守旗同学有个优点，我觉得非常不错：他每一年农忙的时候都要到岳父岳母家，帮他们下地干农活。我很看重这个。到海门了，去看看他的家人，我们觉得没什么，很平常。

孙：大家在一起聊起来的时候都觉得很感动！我父母来的时候，老师和师母也是亲自去看望我父母。我的父母来了，应该去拜谢老师的。但是我们还没来得及去看望老师的时候，老师和师母就来看我的父母了，这让我感到非常诧异！一下子就感觉到老师对学生的深刻而真诚的关心。那个时候我到南师做博士后，跟老师的交往还不是很多，也算是跟班老师第一次密切接触（以前都是读文章，或者是听别人讲起您，没有跟老师的面对面交流）。

班：当时你做博士后有一段时间了吧？

孙：一年。老师一贯地关心学生，特别是对学生家人的关心，让我们很诧异！在这个时代，有很多老师尽量地与学生保持距离，好像老师和学生的关系就是学习生活中的关系，老师的工作是指导学生学习，学生其他的事情跟老师没有太多关系，学习之外的事情最好不跟老师讲。当然这也是很多原因造成的。比如说现在就业压力比较大，老师可能也帮不上忙。一些事情知道了，帮不上，老师也会跟着着急。所以，身边很多人觉得老师跟学生之间的关系就是上课、指导论文和作业。学生也不太了解老师的生活、家人的情况。学生毕业走了，联系就更少，慢慢连名字都记不得了。在这种情况下，师生关系就是一个很临时性的、阶段性的、工作性的关系。这种师生关系，不能说很普遍，但也是常见的。

对照之下感觉反差很大！老师您在师生关系的处理上没有把学生仅仅作为工作对象。不光是学生个人——像刘守旗师兄和曹世敏师兄讲他们谈恋爱的过程，老师和师母都是见证人。从爱情到学习，到家庭的建立，老师见证了学生生命中最重要的部分，甚至溢出了学生的小家庭，辐射到学生的大家庭。我的父母是非常纯粹的农民，在见到班老师之前，根本不知道大学教授是什么样子。如果要他们想象跟一个大学教授说话的话（教授在他们看来是非常高级的知识分子），他们会紧张。我父母比老师小一岁，虽然是同龄人，但是在有着非常大的心理距离的情况下，老师这么做让我觉得非常诧异，也非常感动。这件事一下子就拉近了我们的心理距离，我觉得老师不只是把我当学生看的。

班：你本来就不是学生，博士后是工作人员，实际上我们是同事关系。你认为这是很不容易的事，在我看来却是很普通的事情。为什么去看你父母呢？

郭：跟我们是同龄人。

班：他们跟我们差不多啊！恰恰因为你父母是农民，刘守旗家也是农民。我对农民没有任何偏见，我从小就是在农民家庭中长大的。后来搞下乡活动的时候，我也是跟农民在一起。

话不能反过来讲，如果你父母是省委书记，我是不是去看？我说不定就不去了。我希望大家在一起相处比较随和、轻松。我们党总支前书记陈岚，已经去世了，她当初对我很关心。但是她在岗位上的时候我没有到她家去过，反而在她退休以后，我基本上每年春节都去看她。

我对农民、对一般的劳动者是有感情的。我不是只对学生的家人那样，而是对人都这样。我工作后，就住在南师学生宿舍二舍那里，有个人拉板车，往后门口拉，上那个坡很困难，我就在他后面帮他推，一直推到很远。可能有人觉得，你是一个大学老师，干吗要帮人家推，人家又不认识你。但我愿意！我是比较尊重劳动者的。所以我到你家去，到刘守旗家里去，我觉得应该，毕竟我和学生都是熟人，去看看，不是很正常的吗？我们还在大草坪上一起散步聊天，我还跟他们（指孙彩平的父母）照了相片呢！

孙：是的。他们一直留着那张照片，他们觉得很好。

郭：我们还交换了照片，他们老两口，我们老两口。

孙：每次有人到我们家去了，我父母都说："你看，这是我女儿的老师，老两口可好了！"每次我妈打电话也会问："你们老师怎么样啊？"我说挺好的。他们就说："那两口子，人可真好！"

班：你父母是在农村生活，他们觉得有一个大学教师看他们，就了不得，很高兴。其实这是一件平常的事。你父母很高兴，也很关心我们，对不对？

郭：有这么一句话我觉得讲得很好，我们怎样对他们，他们就怎样对我们。

孙：我觉得跟老师在一起很幸福。老师是老师，也是家人，人家说亦师亦友已经很难了，我们不光是老师和朋友，还是家人。就像兰兰嫂子讲的，她好长时间没来看你们，就觉得仿佛没有尽孝心一样。在她心里对您俩就像对父母一样的。我确实也有这种感觉，对我们来讲，老师的年龄跟我的父母基本上是一样的，一接触就感觉很亲，亦师亦友亦家人的这种感觉。

班：如果说做教师很好，很快乐、很幸福的话，这就是其中一个原因。我对学生好，学生对我也很好。我记得很清楚，有一年教师节，学生送花给我，九朵花代表他们九个人，还有个天堂鸟（花）有什么吉祥的含义。我们觉得，学生对我是用（真）心的，不是形式。不是说教师节了，不表示一下不好，他们是诚心诚意地事先经过一番考虑的。这种真情实感是非常宝贵的，这是人世间最珍贵的东西。

孙：我们大家在一起，像宋晔和甘剑梅，我们也亲得很。为什么我们之间会觉得很亲呢？因为有老师，有您二位。要是没有老师，我们怎么会认识呢？我们认识了之后，就在一起学习，就像姐妹一样。从某种意义上讲，甚至比家里的兄弟姐妹还亲。像我跟家里的兄弟姐妹也是亲的，但我的生活状态已经跟他们完全不一样了，很多事情没法跟他们分享。比如碰到什么问题，我不能跟他们讲，讲了他们也不理解，因为不在一个生活世界里面了。但是很多事情可以跟甘剑梅她们讲。在这里我不是说"有用"的意思，而是说，人跟人之间这种生命的相互支撑。我有个什么想法，可以征求她们的意见，她们是我觉得很亲的人了，像另一些家人。所以我说是亦师亦友亦家人的这种感觉。刚才也说，很多人把师生关系仅仅限定为工作关系，就是我来帮助你，尽力完成你的学业。这已经算好的老师了。某名牌大学的老师，是很出名的大教授，学生要毕业了，还不认识。当然这也是很多因素造成的，比如说因为扩招导致学生太多了。但是我觉得在老师这里永远不会发生这种事情。为什么？因为每个学生在您心里不光是工作的对象，您对学生生活和生命整体都给予关照。因为关心我就关心我的家人，因为关心我的家人，还会关心很多其他的方面，我们觉得已经很超出界限了。

班： 因为跟你们有交往嘛……

孙： 因为我们有过交往，您跨越了很多社会界限。您说自己是农民出身的，对农民有天然的亲近。但匡瑛的父母是城市人，你们走得也非常近。

郭： 匡瑛父母我记得很清楚。我跟她妈妈手挽着手，跟姐妹一样。

班： 匡瑛本身就是非常好的。我住院的时候，她抽空来看我，那个时候她已经不在南京了。所以，我自己受益于学生对我的关心。后来我又一次住院，她知道了，匡瑛和她妈妈专程到南京来。从上海赶到南京，看了我以后再回上海。我也觉得是非常好的。我出车祸住院期间，匡瑛去看我，说她妈妈在家里给我祈祷。我这样想，她（匡瑛妈妈）是非常真心的，我就觉得应该学习她这种待人方式。后来她还专程来看我，我很高兴。

你要讲教师幸福，这就是教师的幸福。生病的时候得到学生的关心、学生家人的关心，而且这种关心不是形式的，是真诚的。从上海专程来看，不是 3 里路、5 里路，要跑一天的时间，我觉得非常真诚。在家里祈祷我能够早日康复，说明确实是真心的。我觉得很不容易。他们偶尔到我家来吃了一顿饭，他爸爸马上到厨房洗碗，而且非常认真地洗，我当时说他是劳动模范，后来他说真是劳动模范，在黑龙江农场劳动时被评为劳动模范的。这些对我来讲都是教育，也让我感到愉快。我们到上海去，也跟他们相见，她请我们吃了一顿饭。匡瑛一家人和我们都很愉快，没有什么距离，没有什么不好说的。匡瑛现在在国外，我们也保持着联系。

我得到大家的关心相当多，比如我这个眼镜从哪里来的？宋晔的爸妈给的，他们开一个眼镜店。我到河南时，我原来的眼镜还在，他爸妈说给我换一个更好看一点的，就给我特地做了一个。做了这个眼镜以后，另外还给我一个墨镜，阳光强烈时我可以戴。后来还总是通过宋晔问我眼镜合适不合适，不合适再换。他们对我这么好，又不是求我做什么事，什么事都没有，就是纯粹地关心我。

感谢学生们的赤诚以待

孙：学生对老师好，可能是出于对老师培育的感激，也有对老师学识的敬佩等情感。学生的家人呢，比如说我的父母、家人说起我的老师来，都说是老师帮助你，你才能有所进步，也是一种感激的感情，所以会愿意尽自己的所能为老师做些什么。这种感情就是一种感恩。但是老师对学生、学生的家人应该不是这样的。

班：老师要感谢学生。这是我的观点，我记得早几年的时候，博士、硕士举行毕业典礼，叫我代表老师发言，我的发言就讲了这个意思：感谢学生。有个女教师，我也认识的，做过很多年的班主任，学生家长对她也挺好，她说她是带着感恩的心来做班主任的。感情是双向的，不完全是单方面的。我在发展性班级教育系统中就讲精神关怀，提倡班主任是学生主要的精神关怀者，但我一定要讲精神关怀是相互的。老师从学生那里得到很多。我从你那里得到的关怀很多。特别有几件事情令我印象非常深。其一是我们到四川开会，你就一路照顾我，还嘱咐其他人照顾好班老师，牵着班老师走，不要跌下来，因为有的地方不容易走。还有在重庆那个地方，有一条河沟，你走到路边，让我从中间走，就怕我摔跤。

我生病的时候住院，那时候你儿子很小，可能还没进幼儿园。你在北京开会，会议结束，马上就到南京病房来看我。儿子是你的宝贝，开完会你不是先回长春去看儿子，而是专程从北京赶到南京来看我。这确实是很难得的。你在我的床头一边抓着我的手一边陪我讲话，真的跟自己的女儿一样。我觉得非常感动，我能享受到这样一种美好的、真诚的对待，让我印象深刻，一辈子都忘不了。去长沙开会时，明明你已买了飞到长春的机票，但是因为我身体不舒服，你还是把票退掉，特地买票陪我到南京来，然后再买票回长春。这都不是什么简单地顺便帮一下忙，而是特地的。从北京到南京是特地的，从长沙到南京也是特地的。

孙：这都是作为学生应该做的，没什么好说的……

班：我讲是真的。我讲呢，我也高兴。也让你的学生们知道，我相信你们一定也很高兴。这个是孙彩平的事。还有其他学生，比如刚刚讲的宋晔。宋晔过年的时候给我发短信，我觉得是非常真诚的。宋晔对我的好也是出自内心的。她讲她做过一个梦，到一个什么地方，前面都是蜘蛛网啊什么的走不过去，我在前面帮她把障碍去除了。所以她总是说我是她的贵人。这是她对我的称赞。她认为她的进步是受益于我的帮助，实际上她自己的努力非常重要。她很刻苦。天很冷的时候，在学生宿舍，没有空调，她还弄个被子把自己围住，坐在床上看书。

孙：您怎么发现她在床上看书的？

班：你师母去看她时发现的，又讲给我听。宋晔非常努力，不断提升自己的理论思维。三年里她进步非常显著，到毕业的时候像是变了一个人。刚开始的时候她确实是比较平常，到毕业的时候进步非常大。

她的（博士论文）题目我觉得也很好——“校园伦理”。选题时我也说了，我很欣赏这个题目。这个题目是根据台湾有关资料来拟定的，我觉得她做得很好。有一年去郑州开会，她就从新乡开车到郑州来把我们接到新乡。当时她才学会开车不久，到郑州连路都认不得。她就放一张地图在车子前面，还让她爸爸坐在旁边，有不清楚的就问她爸爸。她对我们也是很诚心的。

孙：我们大家都有这样的感觉，包括宋晔，觉得老师就像家里人一样，在学习上给我们很多帮助，学习之外，也给我们很多其他的支持。师生感情不是工作关系结束了就没有了，反而变得更深了。

班：所以不只是老师对学生好，学生对老师也是非常好的。

孙：有人说老师心里装着学生，您现在心里不仅装着学生，还装着学生的全家人，像父母、岳父母、孩子。刘守旗跟我说，他和嫂子谈恋爱的时候，您二老帮了很多忙。包括曹世敏和兰兰恋爱，也说要感谢你们，你们帮了很多。从学生的角度来说，学生有对象了，不会轻易地领到老师那里去。一个原因是老师不欢迎学生这样做，另一个原因是学生会觉得这是一件私人的事情。如果不是很亲近的师生关系，是不会把自己的对象领给老师看的。大家为啥愿意把对象带到您这里来给您看看呢？

郭：小钮还是很好的，两个人感情也很好，他们俩散步的时候都是手挽手的，我们看到还不好意思呢！

孙：所以我觉得老师确实在很周到地关心我们，学习、生活、恋爱等等，什么都关心。

郭：像刘晓明，我们相处的时间比较短。他有次到一个地方去，就把儿子放在我们这里一天，跟我们一起吃住。

孙：刘晓明老师是在我后面来南师大跟老师做博士后的。他不是像我这样一直读书，他来之前已经是教授了，各方面都成长得非常好了，很多人觉得他完全没有必要来做这个博士后。但是因为他的研究方向是心理教育，是和老师一致的，他很认同老师的观点，认同心理和道德之间的关系，所以他来了。

郭：有这个追求。

班：在我生病的时候，刘晓明确实没有时间来看我，就托人给我带了 1000 块钱。所以我是在多方面受益，不论是在精神上还是在物质上。

孙：这些都是身外之物，最宝贵的是心里的真诚和生命中的相互支撑。当我们生命中遇到一些重要事件的时候，都会想跟老师和师母讲讲。比如我在东北师大生活了 20 年，最终选择放弃那里的生活来到南师，有工作的原因，最根本的是因为这里有老师，有这么多师兄弟，感觉这里有亲人，有感情支撑，所以南师变得对我很有吸引力。

刘国永说，就是喜欢师母做的“一二三四五”。这是师母的绝活儿，红烧排骨。不知道是谁最先吃到的。他上学的时候是 90 年代早期，在食堂能吃到肉还是比较难的，师母就来给大家做这道红烧排骨。“一二三四五”是这道红烧排骨的做法。学生来了，师母第一件事是泡茶，然后留学生吃饭，就做这个，还有其他菜。这个最经典：一勺油、两勺糖、三勺酱油、四勺醋、五勺水，然后排骨放锅里，烧出来，真的很好吃。我们几乎都吃过。

郭：这也不是我的发明。有一次班老师不在家，刘国永和曹世敏就跟我说：“师母，您哪天烧点红烧肉给我们吃？”我说：“你们俩说好哪一天，我来烧。”曹世敏就喜欢吃红烧肉，还喜欢吃米饭（所以，有一次吃饭，选主食的时候，我特地要求给他一碗米饭）。我就烧了一些给他们俩吃，老师不在家，他们俩还喝了点酒。烧了一大盘，两斤多，都吃完了。每次想起来当时的情况，我都觉得好玩儿！

对学生要因人施教

孙：因为有师母，这个家显得特别温暖。曹世敏师兄还给我讲了一件事。他第一次来您家上课的时候，迟到了。老师很严肃地跟他说："不可以迟到！学习就是要认真的。"他就觉得老师做学问是非常严格的。可是当我接触老师的时候，觉得老师很和蔼，也很平易近人！老师那时候写了文章请我们提意见，我们有什么想法就很坦白地说，觉得哪里哪个词不合适，他听了也不生气，还会耐心地跟我们解释为什么用这个词。

班：他（曹世敏）可能是自己感觉的，我也不觉得我很严肃啊！

郭：可能有过这样的事情。他（班老师）有时候在迟到方面、做作业方面比较严肃。

孙：曹世敏师兄跟我说，那一次让他感觉到学问是需要敬畏的。他后面硕士阶段做得很好，当时就在《教育研究》上发表了文章，您跟他讲不能骄傲。直到现在他在教育厅工作，还是很爱看书，很有思想。

班：他想问题比较深刻的。

郭：曹世敏跟我说，他做作业不认真做不行，不然老师会让他重写的。

孙：曹师兄讲老师对他特别严格。也多亏老师对他严格，才让他能一直对学问保持敬畏，到现在还一直在读书。他对《论语》的每个章节做了注释，比有些出版的书要深刻多了。《道德经》他也是通读过的，最近又在读佛学。他对哲学，以及中国传统文化有很深入的研究。他说这是老师对他影响很深远的地方，做学问、思考问题要很认真，对待学问要有敬畏之心。我想老师是不是早期有这种风格？

郭：也不是早期有这种风格，而是对有的学生会这样。

班：我不认为我自己有多么严肃。有的要求是会提出来的，但不是那么严厉地说。

郭：曹世敏读硕士的时候比较活跃，不像人家，一板一眼地在学校读书。他暑假要搞个什么班啊，卖东西、做生意啊，比其他同学都要活。有一次，老师跟他（曹世敏）讲，我在旁边听到了："你要好好学啊，我争取给你毕业！"曹世敏走了后，我问为什么说"争取"给他毕业，他不能毕业吗？老师说："不是，就是要吓吓他，让他好好学习。"

班：可能是他当时在做小生意这一类事情。我就讲他现在不能把精力放在这上面。可能在这方面我严厉点，一般我不会对人严厉的。

孙：因为老师是对他很严厉的，所以他的硕士论文做得非常好，非常出色！那时南京师范大学教育科学研究院的博士、硕士只有他一个这样，文笔非常好，视野也很独特。他说："如果不是老师对我这样严格要求，我可能不知道（成为）什么样了。"所以他很感激。

班：他呢，学问一直在做。他看书很多，手也勤。有一次，他写了篇什么文章送到广播电台，还获了奖。

郭：是母亲节。他考取硕士后第二年，在母亲节时写了一篇文章获奖了，（主办方）要求把母亲带到广播电台去领奖，他就带我去了，因为他妈妈住得太远了。我也很感动。当时好像是奖励了条项链，现在看来是很普通的，当时还是很漂亮的。他让我以他母亲的身份去领了。

孙：毕世响师兄最近有什么消息吗？

班：没有。毕世响这个人在做学问上是非常钻研的，但是在人际处理上又有点不足，但是他对我们也很好。我躺在医院里，他（毕世响）打了个电话过来，师母去接电话。他说不能来了，因为南京起雾，飞机不能降落，所以只好把飞机票退掉。师母在电话里就跟他说，班老师情况挺好的，你不要来了。他是有点信佛教的，后来听说他去庙里给我祈福。过了大概一个星期，他还是飞过来了，而且把武汉的易东平也带来了。

对学生一视同仁

孙：老师，我有一个问题很困惑，关于师门的问题。我也带研究生，我没有太强的师门观念。我的老师里面也没有这样的门户之见，像老师您，不管是谁的学生，只要是需要帮助的，都会去帮助，很真诚地去关心。但是有时也会遇到困难，也许我们是很真诚的，但是人家老师会有想法：你怎么干涉我的学生的事？好像是在跟人家“抢”学生一样。实际上，我是真的没有这么想过，根本没有把“这是你的学生，这是我的学生”分得很清楚。但是有时候也会有这种顾虑：人家的学生要不要去管？我管了，别的老师会不会不开心？我的意见要是跟他的老师的意见不一样，会不会影响人家的师生感情？这种事情，有时候让人觉得很为难。

班：我没有这样的想法，没有想到这样的问题，因为我知道自己几斤几两，不把自己估计得很高。

孙：我是不会介意这些的，我的课堂对学生都是开放的。

班：有人来听自己的课，我会很高兴啊！

孙：不是所有的人都这样。别人的学生，你管得多了，人家老师还会不高兴。但是学生来找你，这个时候不管学生，对学生来说也是不公平的。

郭：你这样做是对的，随别人怎么去说吧。

班：朱小蔓当时来听了我的一门课——教育科研方法，也不是针对她一个人的，她自己参与进来了。

孙：多一个人还多一个视角，对于大家思考是很有益的。但是有的老师就像保密一样的，不愿意别人来听他的课。

班：有的人可能确实有机密，比如他的成果还没有公布，只在课堂上讲。我没什么机密。如果你的课很好的话，别人应该是想方设法来听你的课的。

孙：这是一种开放的态度……

班：我是愿意的。但是我的东西值得听吗？

孙：我知道，我、宋晔、甘剑梅三个来家里听德育原理，那时候胡金平老师也过来听。老师还很关心他身体的情况。我知道老师是很开放的，但不是所有的人都是开放的。

班：有的人可能不希望别人来听课，会有这样的。真正上课上得好的人，是希望别人来听的。

孙：对啊，我觉得这是一种封闭，学生之间也弄得很不好。

班：过去有个说法，叫文人相轻。现在这个情况下，它不叫文人相轻，可能是在学术上一定的时期，他需要注意传播范围，不至于太扩散。我是没有什么特殊的地方，没什么保密的思想。如果学生听了觉得好，有收获，这是一件好事。我有想法，就会写论文去发表。实际上，论真正地做科研，做了严格的调查和实证以后，还要找人去帮忙做数据处理。我做怎样做好班主任的调查，后来是找在心理学系读硕士的孙悦帮我处理的数据。那篇文章是2004年发表的，题目就叫作“来自实践的教育智慧”，副标题是“感谢班主任”。[①]这篇文章是基于问卷的调查，主题是班主任觉得自己要做好工作，应该遵循什么原则，后面是开放题。做数据处理时我就让她帮我，没有什么秘密的。

---

① 参见：班华.来自实践的教育智慧（代序）：感谢班主任[M]//柳州市教育局.班主任专业化的理论与实践.桂林：漓江出版社，2003：3–18.

代跋
生命自觉
——我希望具有的教育信念

我是教育人，从事教育劳动多年。在教育理论学习、研究和教育实践中，我逐渐感受到了应当具有的一些教育信念。对此，我将继续思考，逐步使其内涵更丰富。当下我希望确立的教育信念如下。

做自觉教育者。理解教育本质、规律、实施原理。理解新时代中国特色社会主义中，教育、人、社会、自然之间的相互关系；具有教育使命感；懂得教育实施方式；懂得教育艺术。

做自觉学习者。自己创造自己。理解学习对社会、对自己的意义，遵循学习规律，做终身自觉学习者。自觉教育者应首先做自觉学习者。不仅仅教育者，所有的人都应成为自觉学习者。

提高生命自觉是自觉教育者、自觉学习者成长和发展的前提。

提高生命自觉。理解人的生命成长、发展的过程。珍爱一切生命。人与自然是生命共同体，珍爱自然界生命，珍爱人类生命。珍爱人的精神生命是核心。

珍视童年价值，实施童性化教育。

珍爱自己，具有积极乐观的心态。

教育过程是主体发展性过程。教育过程是引导、帮助受教育者自己发展的过程。教育目标是培养人的德智体美素质都得到发展。理解人的德智体美之间的相互关系。教育管理的目的是解放人、教育人、发展人。

学校、家庭、社会共同育人。人在自己生活的环境，即在家庭、学校、社会、自然里成长、发展。学校、家庭、社会应是育人共同体。

优化教育生态。包括优化人的成长与发展的整个环境，即优化家庭、学校、社会、自然环境，以利于人的成长与发展。

没有学生就没有老师，老师与学生是对立统一关系。关怀学生的成长与发展，给学生精神关怀是老师教育使命的核心。

要具有教育爱。教育爱是师爱与母爱（亲情之爱）的融合，是理性与情感统一的爱。教育爱是做好教育的前提。教育爱包括对学生的爱和对教育劳动的爱。

具有教育使命感。教育使命感与教育自觉相互关联。理解自己的教育责任，发挥自己的教育智慧。自觉教育者具有全球观念、宇宙视野，为人类命运共同体服务，为人与自然生命共同体服务。

享受教育幸福。教育的目的是服务人生幸福。教育过程是师生共享幸福的过程。

读实践形态的书。人的思想来自实践。实践是无字形态的书，自古人们就读无字的书。儿童的“玩”，人们的“旅行”，都是读无字书的方式。游学是读无字书的重要方式。

心育天地，大有作为。自觉的心理教育者理解，一切教育实质上都是心育。心育时空无边界，人的生命是持续发展过程。心育天地大有作为。

建设中国特色的心理教育。实施发展性心育。心育宗旨即心育最终目的——优化心理机能，提升精神品质，促进人格和谐，服务人生幸福。理解中国文化传统与心育、农业文化与心育、多民族文化与心育的关系。实施班级心育。

整体融合性心理教育。心育与各育融合，心育与各学科教学融合，心育与各类教育活动融合，心育与社会各类活动融合。

建设中国特色的班级教育学。班级教育学是教育学科分支。理解建设中国特色班级教育学的意义、方法。中国有优良的教育文化传统，主要教育对象是农民子弟，形成了多民族的教育文化。我们还要好好总结中国特色社会主义教育的中国特色，更加坚定我们的教育自信。

防治教育腐败。教育是为社会培养人的神圣事业。教育腐败是教育蜕变为某些人获取功利的手段，导致多种教育病症，如忽视体育、轻视美育。人们对此没有觉察，明显觉察到的有考试主义、分数主义、升学主义、锦标主义。教育病的危害是折磨人、摧残人、误导人。必须努力防治教育腐败，坚持教育培养人的神圣性。

解放儿童——我们的教育梦。救救孩子。上个世纪陶行知提出对儿童“五大解放”“六大解放”。当下学校、家庭、社会应共圆“解放儿童”的教育梦。

原载于《中国教育报》2019 年 9 月 26 日第 7 版 理论周刊 · 学校科研

出 版 人　郑豪杰
责任编辑　翁绮睿
版式设计　郝晓红
责任校对　贾静芳
责任印制　米　扬

图书在版编目（CIP）数据

教育生命的自觉：班华随谈录 / 班华等口述；孙彩平等整理. -- 北京：教育科学出版社，2025. 6.
ISBN 978-7-5191-4531-6

Ⅰ. G4-53

中国国家版本馆 CIP 数据核字第 2025F0H502 号

教育生命的自觉——班华随谈录

JIAOYU SHENGMING DE ZIJUE——BAN HUA SUITANLU

出版发行	教育科学出版社		
社　　址	北京·朝阳区安慧北里安园甲 9 号	**邮　　编**	100101
总编室电话	010-64981290	**编辑部电话**	010-64981167
出版部电话	010-64989487	**市场部电话**	010-64989009
传　　真	010-64891796	**网　　址**	http：//www.esph.com.cn

经　　销	各地新华书店		
制　　作	北京浪波湾图文工作室		
印　　刷	中煤（北京）印务有限公司		
开　　本	890 毫米 ×1240 毫米　1/32	**版　　次**	2025 年 6 月第 1 版
印　　张	7	**印　　次**	2025 年 6 月第 1 次印刷
字　　数	181 千	**定　　价**	69.00 元